Ulrich Greiner

HEIMATLOS

*Bekenntnisse eines
Konservativen*

Rowohlt

1. Auflage September 2017
Copyright © 2017 by Rowohlt Verlag GmbH,
Reinbek bei Hamburg
Lektorat Stephan Speicher
Satz aus der Diogenes, InDesign
Gesamtherstellung CPI books GmbH, Leck, Germany
ISBN 978 3 498 02536 6

Inhalt

1

Die Angst vor einer konservativen Wende –
Die linksgrüne «kulturelle Hegemonie» –
Die Selbstbezüglichkeit der Medien

D ie Angst geht um. Wovor? Es sind nicht allein die Gespenster von Donald Trump, Marine Le Pen, Geert Wilders und den anderen, wie immer sie heißen mögen. Es ist die Angst vor einer konservativen Wende. Nicht so sehr das Traditionsbürgertum leidet an dieser Angst, schon gar nicht die vielfach entpolitisierte Unterschicht, sondern es leiden die Linken und die Grünen und die dominanten Akteure der Mehrheitsparteien, es leidet die kommentierende Klasse in den Medien. Sie alle fürchten, die Hoheit über den sogenannten Diskurs zu verlieren und die bislang unangefochtene Macht, die moralischen Standards des Öffentlichen zu bestimmen. Käme es dahin, ich würde es begrüßen.

Mit konservativer Wende ist natürlich nicht jene «geistigmoralische Wende» gemeint, die Helmut Kohl im Bundestagswahlkampf 1980 angekündigt hatte, von der aber, als er dann 1982 Kanzler wurde, nicht viel übrig blieb, zur Genugtuung nicht nur seiner Gegner. Nein, die Wende, die sich derzeit ereignet, geht viel tiefer, und sie betrifft nicht allein

Deutschland, sondern viele Länder der westlichen Welt. Diese Wende nimmt Abschied vom Panorama-Blick auf die Erdkugel, sie biegt ab ins Nahe und Heimatliche. Das wäre die freundliche Beschreibung. Die unfreundliche lautet, dass der alte Nationalismus zurückgekehrt sei und mit ihm eine neue Feindseligkeit gegen alles Fremde und Kosmopolitische.

Wahr ist: Das einst verheißungsvolle Bild einer multikulturellen Gesellschaft mit offenen Grenzen hat seinen Glanz verloren. Die Idee einer Gemeinschaft aller Nationen, die auch religiöse und kulturelle Gräben überwinden könnte, ist nicht zuletzt am islamistischen Terror zuschanden geworden. Die Globalisierung erscheint nicht mehr als ein Zukunftsversprechen, das früher oder später allen Menschen zugutekäme, sondern als der Kampfplatz weltumspannender Konzerne, deren Produkte bis ins letzte Schaufenster der Provinz vorgedrungen sind. Und aus der Vision eines europäischen Bundesstaates, der aus den vormals sich bekriegenden Ländern eine Vereinigung machtvoller Mitspieler im weltpolitischen Maßstab machen sollte, ist ein bürokratisches Monstrum geworden, dessen Regulierungswahn in jedermanns Alltag lästige Folgen zeitigt. An die Stelle eines Europas, dessen Kultur vom Sternenkranz der geeinten Mitgliedsstaaten überwölbt wird, ist das schäbige Gezeter um den Schuldenerlass für insolvente Länder getreten. Aus «Europa!» ist «Brüssel!» geworden.

Natürlich kann man diese Entwicklung beklagen, und auch mir gefällt sie nicht. Was mir aber noch weniger gefällt, ist der Versuch der Internationalisten, wie ich sie summarisch nenne, das bunte Sammelsurium all jener, die eine Rückkehr ins historisch Gewordene und halbwegs Bewährte anstreben, als kleinkariert oder reaktionär zu beschreiben und kurzerhand in die rechte Ecke abzuschieben. Dass dieses Manöver auf Dauer nicht gelingen kann, scheint mir offenkundig. Es wirkt auch deshalb ein bisschen hilflos, weil alles, was dem herrschenden Diskurs missfällt, mit dem verächtlichen Begriff des «Populismus», meist verstärkt durch den des «Rechtspopulismus», diffamiert wird, gerade so, als ob es nicht auch einen Linkspopulismus gäbe. Populisten sind immer die anderen.

Die einst plausible Rede vom «Ende der Ideologie» (Daniel Bell) und vom «Ende der Geschichte» (Francis Fukuyama) ist von der Wiederkehr der Ideologie und vom Fortgang der Geschichte überrollt worden. Und als Folge davon sind die fast vergessenen Fronten zwischen rechts und links, zwischen konservativ und progressiv abermals aufgebrochen. Im Grunde ist das völlig normal. Demokratie lebt von Streit, von Opposition, und wo es Linke gibt, muss es auch Rechte geben. Doch nicht selten dringen die Extremisten beider Seiten in jenes finstere Gelände vor, das infolge der totalitären Exzesse des 20. Jahrhunderts bis heute vermint ist. Die Wunden, die damals geschlagen wurden, ob von Hitler oder von Stalin, sind nicht verheilt. Im deutschen Fall ist die nationalsozialistische Schreckensherrschaft eine stetige Warnung, und sie muss eine Warnung bleiben. Weshalb sich kokettriskante Annäherungen wie von Seiten der AfD verbieten.

Das heißt nun aber nicht, dass jede Abweichung von der Mitte nach rechts mit dem Nazi-Vorwurf mundtot gemacht werden dürfte. Ich bin zum Beispiel der Meinung, dass der unkontrollierte Zustrom von Flüchtlingen im Herbst 2015 ein Fehler war, der bei rechtzeitiger Vorsorge hätte vermieden werden können, und dass die Warnung vor einer

Islamisierung nicht bloß das Hirngespinst verwirrter Pe-
gida-Anhänger ist. Ich glaube weiterhin, dass der im Grundgesetz garantierte Schutz von Ehe und Familie die gleichgeschlechtlichen Lebensformen nicht mit einschließt. Die
damit nicht selten verbundenen Praktiken biotechnischer
Reproduktion erregen meinen Widerwillen. Auch finde ich
die Beschlüsse der Brüsseler Kommission zur Rettung von
Banken und insolventen Staaten nicht hinreichend demokratisch legitimiert – und die dabei maßgebliche Rolle von
Angela Merkel erst recht nicht. Wer den Euro für einen kapi-
talen Fehler hält, ist noch kein Gegner der europäischen Idee.

Das sind nur ein paar Beispiele eines Konservatismus, den
ich auf den folgenden Seiten näher beschreiben möchte. Ein
solcher Konservatismus müsste in meinen Augen christlich
begründet sein. Nach wie vor finde ich, dass die Idee des
christlichen Abendlandes, ungeachtet ihres Missbrauchs
durch Ausgrenzungsfanatiker, richtig und tragfähig ist. Ein
solcher Konservatismus, dessen bin ich mir bewusst, könnte
keinesfalls mehrheitsfähig werden, doch wäre schon viel ge-
wonnen, wenn ihn der mediale Diskurs als seriös anerken-
nen würde.

Es kommt mir nicht darauf an, eine konservative Theorie
zu entwickeln, das haben andere und Klügere schon getan.
Wenn ich mich auf sie beziehe, so deshalb, um geistige Verwandtschaften zu entdecken und meinem eigenen Sin-
neswandel auf die Spur zu kommen. Er geschah sozusagen
unbemerkt. Ich war eigentlich immer ein SPD-Wähler, von
wenigen Ausnahmen abgesehen. Einmal habe ich die längst
vergessene Deutsche Friedens-Union (DFU) gewählt, ein
paarmal die Grünen, nie CDU oder FDP. Mein allmählich
entstandener Konservatismus hat sicherlich mit dem Äl-

terwerden zu tun und mit der Beobachtung, dass das überall herrschende Prinzip ständiger Neuerung dazu verleitet, das Bewahrenswerte gering zu achten. So ist meine konservative Haltung kein politisches Programm, sondern eher ein Lebensgefühl. Ich betrachte, höre, lese die bedeutenden Kunstwerke unserer reichen Vergangenheit mit größerer Aufmerksamkeit als früher. Verglichen damit kommen mir allzu viele Manifestationen der Gegenwart unerheblich und bloß modisch vor. Dass etwas neu ist, scheint mir noch kein hinreichendes Argument, um es gut zu finden.

Es ist aber keineswegs so, dass der Konservatismus, den ich vertrete, keine Anhänger hätte. Konservative finde ich nicht allein unter meinen Freunden und Bekannten, nicht allein unter namhaften Intellektuellen wie Rüdiger Safranski und Sibylle Lewitscharoff, Martin Mosebach oder Peter Sloterdijk, sondern auch unter den erstaunlich vielen Lesern, die meine diesbezüglichen Beiträge in der «Zeit» zustimmend begleiten. Was sind das für Menschen? Mit Sicherheit keine, die völkische Ressentiments hegen und etwa die deutsche Schuld leugnen wollten. Welche Partei sie mehrheitlich wählen, weiß ich nicht, und ich vermute, dass sie in demselben Dilemma stecken wie ich.

Unter der Ägide Angela Merkels ist die CDU so weit nach links gerückt, dass der Konservative in ihr keine Heimat mehr findet. Da wäre er in den traditionsgeleiteten Parzellen der ruhmreichen SPD fast besser aufgehoben. Die Grünen hingegen, die Partei der Menschheitsretter und Weltverbesserer, wird der Konservative nur mit Vorbehalt wählen, und die FDP, die Partei des totalen Anpassertums, scheidet für ihn sowieso aus. Bliebe die AfD. Manchen ihrer grundsätzlichen Positionen wird der Konservative zuneigen, aber noch ist das ein bunt oder eher braun gemischter Haufen mit allzu oft degoutanten Erscheinungen.

Es ist übrigens von einigen Beobachtern schon festgestellt worden, dass die Entstehungsgeschichte der Grünen verblüffende Parallelen zur AfD aufweist: die Kritik an der Elite und am Establishment, die Idee einer Alternative zur herrschenden Politik, der Gedanke einer außerparlamentarischen Opposition. Auch ideologisch gesehen war bei den Grünen anfangs nahezu alles zu finden, von dem ehemaligen NSDAP-Mitglied Baldur Springmann, der das Völkische liebte, bis hin zu dem waschechten Kommunisten Thomas Ebermann. Beide sind sie längst vergessen, doch wird man daraus ersehen, wie lange es dauern kann, bis sich diffus gestaute Gedankenflüsse in einem halbwegs einheitlichen Strom zu sammeln beginnen.

Dieses Buch trägt den pathetisch klingenden Titel «Heimatlos». Es gibt eine gleichnamige Erzählung von Johanna Spyri, eine sehr schöne und sehr sentimentale, die mich als lesendes Kind zu Tränen gerührt hat. Aus diesem Alter bin ich glücklich heraus. Als Konservativer jedoch bin ich insofern heimatlos, als die Leitmedien, von den tonangebenden Zeitungen bis hin zu den öffentlich-rechtlichen Anstalten, ganz überwiegend einen Anpassungsmoralismus pflegen, der gegensätzlichen Meinungen keinen Resonanzboden bietet. Das gilt für die politischen Parteien erst recht. Ich erwarte von ihnen durchaus nicht, dass sie mir eine Heimat im Sinne eines traulichen Beisammenseins bieten, doch zuweilen hätte ich es ganz gern, wenn ich denn schon wählen darf und soll, die eigenen Überzeugungen oder Befindlichkeiten irgendwo zu entdecken. Und da sehe ich keine Partei, von Einzelgängern darin abgesehen, in der ich meine Überlegungen und Bedenken wiederfinden könnte. Es kommt mir so vor, als wären sie mehr oder minder alle von einem Augenblicksopportunismus erfasst, der es ihnen gebietet, bestimmte Dinge lieber nicht auszusprechen, um keinen falschen Beifall zu erzielen.

Im Herbst 2015 hat keine der etablierten Parteien (mit Ausnahme der CSU, die ich nicht wählen kann) die Sorgen vieler Bürger vor einem ungehemmten Zustrom vornehmlich islamischer Einwanderer ernst zu nehmen und zu diskutieren gewagt. Erst als sich die Stimmung im Land drehte, wurden beispielsweise Forderungen laut, den Migrationshintergrund bestimmter Straftäter nicht länger zu verschweigen. Ebenso haben nahezu alle Parteien die von Angela Merkel «alternativlos» genannte Politik der Euro-Rettung gebilligt oder schweigend ertragen, während es doch mittlerweile auf der Hand liegt, dass die Rettung der EU durch ein hartnäckiges «Weiter so» nicht gelingen kann, erst recht nicht durch eine «vertiefte Integration».

Der oft gehörte Satz, man könne gewisse Dinge nicht mehr sagen, stimmt nicht. Man kann bei uns eigentlich alles sagen, und es wird ja auch gesagt, zumindest im Netz und an den Stammtischen. Woran liegt es aber, dass das, was man dort zu lesen und zu hören kriegt, so oft abgeschmackt und abstoßend klingt, erfüllt von Ressentiments? Es liegt nicht nur an jenem Quantum Dummheit, mit dem jede Gesellschaft leben muss. Es liegt auch daran, dass sich der Diskurs seit längerem schon vereinseitigt und simplifiziert hat, dass die Ängste vieler Menschen vor dem sozialen Abstieg, vor dem Verlust des Heimatlichen und Vertrauten und vor einer kulturellen Überfremdung, dass diese Ängste in den Rede- und Argumentationsweisen der Elite kaum oder gar nicht vorkommen. Was «unten» geredet wird, ist häufig ein Echo dessen, was man irgendwo gelesen und gehört hat. Und wenn «oben» ganze Themenfelder ausgespart bleiben, dann verzichtet die sprachmächtige, die tonangebende Klasse auf ihren mäßigenden, zivilisierenden Einfluss. Dann sinken ernste Fragen auf den sprachlosen Grund des Unverstandenen, und dieser Grund, darüber muss sich niemand wundern, ist schlammig und nicht selten braun.

In seinem vieldiskutierten Buch «Rückkehr nach Reims» stellt der französische Soziologe Didier Eribon konsterniert fest, dass die Arbeiterschaft, aus der er einst kam, früher selbstverständlich kommunistisch gesinnt war, sich heute hingegen ebenso selbstverständlich von der politischen Rechten vertreten fühlt. Er sieht die Ursache nicht allein im Wandel der Arbeitswelt, sondern vor allem darin, dass die Parteien es verlernt haben, für diejenigen, die keine Stimme und keine Sprachfähigkeit besitzen, als Fürsprecher aufzutreten. Eribon stellt die Frage, «wer auf welche Weise an welchen politischen Entscheidungsprozessen teilnimmt – und zwar nicht nur am Erarbeiten von Lösungen, sondern bereits an der kollektiven Diskussion darüber, welche Themen überhaupt legitim und wichtig sind und daher in Angriff genommen werden sollten». Und er gelangt zu einem Befund, der nicht allein für Frankreich Gültigkeit besitzt: «Wenn die Linke sich als unfähig erweist, einen Resonanzraum zu organisieren, wo solche Fragen diskutiert und wo Sehnsüchte und Energien investiert werden können, dann ziehen Rechte und Rechtsradikale diese Sehnsüchte und Energien auf sich.»[1]

Das nun ist inzwischen auch in Deutschland geschehen, und die linksgrüne «kulturelle Hegemonie» – ein Begriff, der auf

14

den italienischen Kommunisten Antonio Gramsci zurück-
geht – neigt sich dem Ende zu. Giovanni di Lorenzo hat den
Zusammenhang zwischen der «Allmacht der Grünen» und
dem Aufstieg rechter Parteien in der «Zeit»[2] näher beschrieben. Als der Faschismus in Italien siegte, habe sich Gramsci
gefragt, «warum es in den bürgerlichen Gesellschaften des
Westens zu keiner Revolution gekommen war – und ob es
einen strategischen Ausweg gab, um doch die Herrschaft
zu erlangen. Wenn eine Gruppe die Macht wolle, argumen-
tierte Gramsci in seinen berühmten ‹Gefängnisheften›,
müsse sie zuvorderst den Kampf um die Köpfe gewinnen,
ihre Weltanschauung müsse sich zum Beispiel in der Presse,
in den Schulen, in der Kirche, bei den Intellektuellen als die
überzeugendste durchsetzen.»

Diesen Weg, so Giovanni di Lorenzo, hätten die Grünen erfolgreich beschritten. Nun aber stehe ihre kulturelle Hegemonie möglicherweise vor dem Ende: «Eine Gegenhegemo-
nie [...] breitet sich aus, die lange unvorstellbar schien: der
Vormarsch populistischer und rechter Bewegungen überall
in Europa, inzwischen auch in unserem Land. Dies ging ein-
her mit den Exzessen der Grünwerdung Deutschlands: der
Überhöhung der Political Correctness, dem Glauben an die
Erziehbarkeit des Menschen bis zur Niederschlagung alles
Bösen, der Neigung der tonangebenden Milieus, von sich auf
den Rest der Bevölkerung zu schließen. Und während sich
viele im Lande freuten, dass anscheinend alle dafür waren,
in Kinderbüchern das Wort ‹Eskimo› durch ‹Inuit› zu ersetzen, damit sich in Grönland keiner beleidigt fühlt, oder ein
beliebter FDP-Politiker wegen einiger plumper, anzüglicher
Bemerkungen gegenüber einer jungen Journalistin ver-
dammt wurde und in der Bedeutungslosigkeit verschwand,
gab es immer auch Menschen, die das alles mit Unverständ-

nis, mit Ratlosigkeit und schließlich mit wachsender Wut zur Kenntnis nahmen. Es fanden sich für sie zwar Ventile, etwa im Netz, aber kein nennenswertes politisches Sprachrohr.»

Dieses Sprachrohr hat sich mittlerweile gefunden, und zwar zuerst in den Manifestationen der Pegida-Leute. Die Medien haben die teilweise bösen Exzesse, die dort sicht- und hörbar wurden, in den Vordergrund gestellt, ohne gebührend darauf aufmerksam zu machen, dass keineswegs alle, die sich vornehmlich in Dresden versammelten, rechtsradikal waren. Von daher ist Sigmar Gabriels heftig kritisierter Versuch zu verstehen, «mit den Menschen zu reden». Das war immerhin besser als die Weigerung des sächsischen Ministerpräsidenten Stanislaw Tillich, bei den Pegida-Demonstrationen mäßigend oder bloß zuhörend aufzutreten. Erst die AfD schaffte es, den diffusen Unmut zu kanalisieren und politisch nutzbar zu machen.

Der in Dresden aufgetauchte Vorwurf, der meinen Berufsstand am meisten irritiert und empört hat, war der der «Lügenpresse». Die Medien haben vielfältig darauf reagiert: mit blanker Abwehr zuerst sowie mit der Strategie, die Urheber der «Lügenpresse»-Kritik als Nazis zu enttarnen, schließlich mit dem im konkreten Fall sorgsam geführten Nachweis, dass die Nachrichten und Kommentare auf nachprüfbaren Fakten beruhten. Dies war aber nicht das Problem. Das Problem war die Asymmetrie zwischen der öffentlichen und der veröffentlichten Meinung.

Wer versuchen wollte, die Rede von der «Lügenpresse» ernst zu nehmen, müsste zwischen Polemik und Sachverhalt unterscheiden. Er würde weiterhin unterscheiden müssen zwischen dem groben Vorwurf, jemand lüge absichtsvoll und im Auftrag (wie es die Presse der Nazis und dann der DDR getan hat und wie es die russische noch heute tut) und dem subtilen Vorwurf, jemand sage strukturell und gewissermaßen ungewollt die Unwahrheit. Wenn man diese Unterscheidungen trifft, dann gelangt man zu der beschriebenen «kulturellen Hegemonie», und man wird sich daran erinnern, dass nicht wenige Leitmedien nicht in erster Linie daran interessiert schienen, die Flüchtlingspolitik darzustellen und kritisch zu erörtern, was eigentlich ihre Aufgabe im Sinne der «vierten Gewalt» gewesen wäre, sondern Angela Merkels Öffnung der Grenzen dadurch zu unterstützen, dass man ihre humanitäre Unabwendbarkeit hervorhob und sich daranmachte, die vom Ansturm der Ereignisse überrollte Öffentlichkeit moralisch auf den richtigen Weg zu bringen. Wer das damalige Volkserziehungsprojekt mit dem später nachgereichten Eingeständnis vergleicht, es habe einen «Kontrollverlust» gegeben, nicht alle Flüchtlinge seien aufnahmeberechtigt gewesen und einige von ihnen seien mit terroristischen Absichten ins Land gekommen, der wird den Vorwurf der «Lügenpresse» etwas ernster nehmen.

Der Politikwissenschaftler Peter Graf Kielmansegg hat in der «FAZ» eine scharfsinnige Analyse des Populismus[3] veröffentlicht, wo er den gedankenlosen Vorwurf des Populismus kritisiert und die Frage stellt, was denn Demokratie anderes sei als ein institutionalisierter Populismus. Kielmansegg findet den neuen Populismus gefährlich, weil sein Verständnis von Demokratie insofern eindimensional sei, als er die Vermittlung durch Institutionen (Parteien, Parlamente) ablehne. Demokratie sei eben nicht bloße Volksherrschaft, sondern eine Ordnung, die Repräsentanten und Repräsentierte zu einem permanenten Austausch rationaler Argumente zwinge. Daran seien die neuen Populisten nicht interessiert, weil sie lediglich bestimmte Ängste der Bevölkerung mobilisieren wollten.

Kielmansegg nun nimmt diese Ängste ernst und sieht ihre Ursache im Problem der «Entgrenzung». Darunter versteht er erstens einen Freihandel, der Arbeitsplätze und Umweltstandards bedrohen könnte, zweitens den ungehemmten Zustrom von Flüchtlingen, der die vertraute Lebenswelt in Frage stelle: «Entgrenzung als Bedrohung, das ist die eine Erfahrung. Dass die Eliten [...] den Betroffenen Entgrenzung, jedenfalls soweit es um Migrationsbewegungen geht, als zwingendes Gebot der Vernunft wie der Moral präsentieren, so zwingend, dass man über die, die es nicht begreifen, nur verächtlich sprechen kann, ist das andere.» Dadurch sei ein Gefühl der Ohnmacht entstanden sowie das Gefühl, dass man die Politik der offenen Grenzen nicht ernstlich in Frage stellen dürfe, ohne eine Stigmatisierung zu riskieren: «Eine ganz große Koalition – alle im Bundestag vertretenen Parteien mit Ausnahme der CSU gehören dazu, die öffentlich-rechtlichen Rundfunkanstalten, viele Feuilletons, die Kirchen, die Wohlfahrtsverbände – grenzt den Raum der als legitim akzeptierten Auseinandersetzung über die Flüchtlingspolitik dieses Landes eng ein.»

Natürlich findet diese Auseinandersetzung trotzdem statt, weil sie stattfinden muss und sich nicht unterdrücken lässt. Der Ort jedoch, wo dies ungehindert passieren kann, sind die rechten und eben auch reaktionären Gruppierungen. Wem an einer offenen demokratischen Debatte gelegen ist, der tut nicht gut daran, solche Argumente – oder auch bloße Gefühle und Stimmungen – mit der immer noch funktionierenden Abseitsregel «Das ist rechts!» zu disqualifizieren.

Die Differenz zwischen veröffentlichter und öffentlicher Meinung aber hat nicht bloß eine inhaltliche Seite, nämlich die beschriebene moralistische, sondern auch eine strukturelle. In seiner großen Abhandlung «Die Gesellschaft der Gesellschaft» schreibt Niklas Luhmann: «Jeden Morgen und jeden Abend senkt sich unausweichlich das Netz der Nachrichten auf die Erde nieder und legt fest, was gewesen ist und was man zu gewärtigen hat. Einige Ereignisse ereignen sich von selbst, und die Gesellschaft ist turbulent genug, daß immer etwas geschieht. Andere werden für die Massenmedien produziert. Dabei kann vor allem die Äußerung einer Meinung als Ereignis behandelt werden, so daß die Medien ihr Material reflexiv in sich selbst eintreten lassen können.»[4]

Da nun die Medien das jeweils Neue berichten wollen, müssen sie ständig selbst neue Informationen herbeischaffen. «Allein schon die Täglichkeit des Erscheinens und das Produktionstempo der Massenmedien schließen es aus, daß die im Publikum vorhandenen Meinungen vorweg konsultiert werden. Die Organisationen der Massenmedien sind hier auf Vermutungen und, im Ergebnis, auf self-fulfilling prophecies angewiesen. Sie arbeiten weitgehend selbstinspirativ: durch Lektüre ihrer eigenen Erzeugnisse, durch Beobachtung ihrer eigenen Sendungen. Sie müssen dabei eine hinreichende moralische Uniformität unterstellen, um täglich über Normverstöße, Skandale und sonstige Abartigkeiten berichten zu können. Verschiebungen können einkalkuliert werden: Stichwort ‹Wertewandel›; aber der eigene Anteil daran kann nicht herausdividiert werden.» Und Luhmann resümiert: «Das, was als Resultat der Dauerwirkung von Massenmedien entsteht, die ‹öffentliche Meinung›, genügt sich selbst. Es hat deshalb wenig Sinn, zu fragen, ob und wie die Massenmedien eine vorhandene Realität *verzerrt* wieder-

geben; sie *erzeugen* eine Beschreibung der Realität, eine Welt-
konstruktion, und das *ist* die Realität, an der die Gesellschaft
sich orientiert.»[5]

Anders als Luhmann jedoch glaube ich, dass man durchaus feststellen kann, ob das von den Medien erzeugte Bild
die Wirklichkeit verzerrt oder nicht. Ich wähle ein zufäl-
liges Beispiel. Wer sich für Ernährungsfragen interessiert
und die Medien daraufhin studiert, der muss den Eindruck
gewinnen, der Fleischkonsum in Deutschland gehe zurück.
Überall hört er von Protesten gegen die kriminelle Praxis
der Massentierhaltung, überall findet er vegetarische oder
vegane Rezepte, liest von Mitmenschen, die dem Fleisch
glücklich entsagt hätten, und findet ernährungswissen-
schaftliche Studien zitiert, welche die Schädlichkeit über-
großen Fleischkonsums nachweisen. Gleichwohl ist er nicht
zurückgegangen, sondern abermals gestiegen. Noch nie
sind in Deutschland derart viele Tiere geschlachtet worden,
und zwar keineswegs nur für den Export. Der rasante An-
stieg des Verzehrs von Geflügel hat sogar Importe aus den
Niederlanden, aus Polen und Brasilien erzwungen.[6]

Selbstverständlich sind die Medien abhängig von Moden
und Zeitstimmungen, doch oftmals sind es Moden und Zeitstimmungen, die sie selbst erfunden haben und voneinander abschreiben. Luhmann sagt: «Ein hohes Maß an Re-
flexivität – Berichte in den Medien berichten über Berichte
in den Medien – gehört zum Alltag.»[7] Es kommt hinzu, dass
das Normale keinen Überraschungswert hat. Selbst wenn es
immer noch üblich ist, dass Mann und Frau einander heiraten und dass Frauen Kinder kriegen: Interessanter sind
Berichte über schwule Ehen und schwangere Männer. Selbst
wenn katholische Priester landauf, landab frühmorgens

entsagungsvoll die Messe lesen: Aufregender ist es, davon zu hören, dass sie ihre Messdiener missbrauchen. Selbst wenn (um das Beispiel nochmals aufzugreifen) 53 Prozent aller Deutschen Fleisch als ihre Lieblingsspeise bezeichnen und nur zwei Prozent Veganer sind[8]: Aparter ist es, fleischlose Ernährung als den neuen Trend zu beschreiben.

Im Spiegel der Medien, so schreibt Luhmann, «erscheint die Gesellschaft als eine sich über sich aufregende, sich selbst alarmierende Gesellschaft. Sie reproduziert daher in sich selbst die Schizophrenie des doppelten Wunsches: an Änderungen teilnehmen zu können und gegen ihre Folgen abgesichert zu werden.»[9] Und er fügt hinzu: «Die typische Themenbehandlung alarmiert, stumpft ab, festigt den Vorausblick auf weitere Katastrophen und erzeugt beim individuellen Nachrichtenempfänger ein Gefühl der Hilflosigkeit (und damit nicht zuletzt: ein Rekrutierungspotential für Protestbewegungen, die aber ihrerseits nur fordern können, daß die anderen es anders machen).»[10]

Dazu ist es ja nun gekommen. Doch das Gefühl der Hilflosigkeit hat sich nicht allein in Protestbewegungen Bahn verschafft, sondern auch im Netz. Luhmanns Buch ist 1997 erschienen, zu einer Zeit also, als das Internet nicht annähernd dieselbe Bedeutung hatte wie heute. Es ist gut möglich, dass die oft beschriebenen Hassorgien im Netz nicht nur, aber auch eine nicht sehr subtile Form der Rache darstellen. Man will nicht mehr Empfänger von Nachrichten sein, sondern ihr Urheber. Und als solcher gewinnt man durch Lautstärke, durch verbale Exzesse am ehesten Aufmerksamkeit.

2

Links und rechts und der Glaube an einen
guten Kommunismus – Meine Abkehr von linken
Positionen – Wolf Biermanns Wandel –
Botho Strauß und der «Bocksgesang»

Darf man sich konservativ nennen? Aber klar doch, nur muss man heutzutage bereit sein, dafür gewisse Unbequemlichkeiten in Kauf zu nehmen. Glimpflich läuft es für jemanden ab, der sich als einen Kulturkonservativen betrachtet und beispielsweise die Museen zeitgenössischer Kunst mit wachsender Missbilligung durchstreift oder die noch immer üblichen Klassikerhinrichtungen im deutschen Regietheater verachtet. Wer so denkt, befindet sich offensichtlich nicht auf der Höhe des Zeitgeists, doch begegnet man ihm mit Nachsicht. Konservativ hinsichtlich der Lebensformen und Verhaltensweisen zu sein, ist riskanter. Wer das alte Familienbild samt heterosexueller Ehe und selbstgezeugter Kinder hochhält, sollte sich von feministischen und genderpolitischen Kreisen fernhalten, wo ihm Verachtung oder gar Hass entgegenkämen. Und wer es wagt, sich als politisch konservativ zu bezeichnen, dem wird es schwerfallen, den vernichtenden Verdacht abzuwehren, er stehe den Rechtsradikalen samt ihrem finsteren Gedankengut nahe. Damit natürlich hängt die Frage zusammen, inwiefern ein politisch Konservativer zu den «Rechten» zu zählen und ob der verpönte Begriff «rechts» in irgendeiner Weise zu retten wäre.

Die gegenwärtige Sprachregelung läuft darauf hinaus, «rechts» mit «reaktionär», «rechtspopulistisch» und «rechtsradikal» gleichzusetzen, «links» hingegen mit «aufgeklärt», «fortschrittlich» und «humanitär». Kurz: Links sind die Guten, rechts die Bösen. Diese moralischen Zuweisungen sind relativ neu. Ich erinnere mich daran, dass es sich in meiner Jugendzeit, also in den sechziger Jahren, geradezu umgekehrt verhielt. Man wollte zwar nicht explizit rechts sein, um sich nicht abermals die Finger zu verbrennen, man strebte einer bürgerlichen Mitte zu. In dieser Mitte allerdings versammelten sich nicht wenige, die an einer Verharmlosung oder Entsorgung der deutschen Schuld unterschwellig, manchmal auch absichtsvoll mitwirkten. In meiner Schule jedenfalls, im altsprachlichen Heinrich-von-Gagern-Gymnasium zu Frankfurt am Main, spielte die später sogenannte Vergangenheitsbewältigung keine nennenswerte Rolle. Einmal gab es in der Aula, deren Wände mit den anämischen antiken Gestalten des Nazareners Wilhelm Steinhausen geschmückt waren, eine Gedenkfeier für die Opfer des 20. Juli. Es wird 1959 gewesen sein, wahrscheinlich in der Nähe des 15. Jahrestages des Attentats auf Hitler. Ich war 14 Jahre alt und verstand nicht, worum es letztlich ging. Die weihevollbedrückte Stimmung kam mir befremdlich vor.

Die Vergangenheit war etwas, worüber man nur höchst ungern redete. Die Gegenwart lag näher und erschien dringlicher. Die Trümmer waren noch nicht alle beseitigt, die Städte mussten wiederaufgebaut und die zahllosen Flüchtlinge aus dem deutschen Osten mussten integriert werden (wie man heute sagen würde). Und es gab die Angst vor einem neuen Krieg, es gab einen klar benennbaren Feind: den Kommunismus. Die Niederschlagung der Aufstände in Ostberlin 1953 und in Budapest 1956, nicht zu vergessen den Bau der Berliner Mauer 1961, die Kuba-Krise des Jahres 1962 und das traurige Ende des Prager Frühlings 1968, versorgten alle Gegner linker, sozialistischer Ideen mit ständig neuer Munition. Vor allem galt dies für die dem Krieg entkommene Elterngeneration, die sich vor einem Angriff aus dem Osten fürchtete, und diese Furcht hatte reale Gründe. Für die Eltern also war «links» ein Schreckgespenst, und folgerichtig waren sie aufs äußerste empört, als sich ihre Nachkömmlinge mit linken Ideen mehr oder minder identifizierten.

Die Generation danach nämlich begann mit Heinrich Böll «Wo warst du, Adam?» zu fragen, und sie fragte weniger nach den Kriegserlebnissen, die ihr unaufgefordert und auf zunehmend lästige Weise von den Vätern aufgetischt wurden, sondern sie fragte nach deren Schuld und Verstrickung. Und sie versorgte sich mit dem theoretischen Rüstzeug der zumeist jüdischen Emigranten, die der Shoah entkommen waren, sie las Autoren wie Horkheimer, Adorno, Marcuse, Lukács und Wilhelm Reich, sie studierte Marx und Engels, und manche vertieften sich sogar in Trotzki, Lenin und Stalin. Je mehr die Achtundsechziger den Diskurs bestimmten, umso heller leuchtete der Sozialismus – ungeachtet des traurigen Bildes, das er in der Realität abgab – als eine zukunftsverheißende Idee, die nur endlich in die richtigen Hände gebracht werden müsse. Jetzt war «links» das Richtige und «rechts» das Verdammenswerte. So ist es bis heute geblieben, was in Wahrheit seltsam ist, wenn man sich das vom Sozialismus hinterlassene Desaster vor Augen hält.

Ich selbst sehe heute deutlicher, wie sehr ich ein Kind meiner Zeit war und sicherlich immer noch bin. Naturgemäß, wie Thomas Bernhard sagen würde, war ich damals links, zwar keineswegs so links wie jene Radikalen, die 1968 die ehrwürdige Johann-Wolfgang-Goethe-Universität in Frankfurt, wo ich studierte, in Karl-Marx-Universität umtauften, aber doch links genug, um aus dem Vorwurf an die Väter, sie hätten Auschwitz organisiert oder zumindest ermöglicht, eine willkommene Waffe in jenem Generationskonflikt zu schmieden, der wahrscheinlich die meisten Söhne mit ihren Vätern verbindet, der jetzt aber mit selten da gewesener Heftigkeit geführt wurde. Was diese Väter verbrochen hatten, nämlich einen ganzen Kontinent in Schutt und Asche zu legen und ein ganzes Volk nahezu auszurotten, und was sie geleistet hatten, nämlich danach das Land wiederaufzubauen samt Wiederbewaffnung und Wirtschaftswunder, als ob nichts gewesen wäre – das war einmalig.

Um das letztlich Unverstehbare zu verstehen, beschäftigten wir uns mit den marxistischen Faschismustheorien, die mehr oder weniger auf Max Horkheimers Diktum hinausliefen: «Wer aber vom Kapitalismus nicht reden will, sollte auch vom Faschismus schweigen.» Erst später fiel mir die moralische Verlogenheit auf, die darin bestand, dass wir das Thema Auschwitz für eigene Zwecke instrumentalisiert und die Opfer vergessen hatten. Und neben dieser Verlogenheit gab es einen immanenten Widerspruch: Wer im Kapitalismus die Ursache dieses singulären Verbrechens erblicken wollte (was Horkheimer so weder gesagt noch gemeint hatte), der konnte die Väter nicht für schuldig erklären – und er selbst, das war logisch darin eingeschlossen, konnte als mithaftender Erbe keinen Anteil an dieser Schuld haben. Der Schriftsteller Peter Schneider brachte das 1987 auf den

Punkt: «Auch der Antifaschismus der Studentenbewegung war von unbewussten Entlastungswünschen gelenkt.»[11]

Dass ich in die falsche Richtung ging, wurde mir allmählich bewusst, als ich 1988 einen Beitrag von Dolf Sternberger in der «FAZ» las.[12] Der Philosoph und Politologe nahm Stellung in einem Streit, der sich an der These des Historikers Ernst Nolte entzündet hatte, der Archipel Gulag sei «ursprünglicher» als Auschwitz, womit Nolte sagen wollte, die Verbrechen der Nazis seien auch als Antwort auf die früheren der Bolschewisten zu verstehen. Sternberger wundert sich über die «logische Sonderbarkeit» des Begriffs «ursprünglicher» und kommt zu seinem zentralen Gedanken:

«Die wahnsinnige Untat, die mit dem Namen ‹Auschwitz› bezeichnet wird, lässt sich gar nicht verstehen, sie lässt sich nur berichten. Auch wenn nachgewiesen würde, dass der Plan zur ‹Endlösung der Judenfrage› in Hitlers Gehirn als eine Art Antwort auf frühere (‹ursprünglichere›) Untaten des Bolschewismus ausgeheckt worden wäre, so würde das die wirkliche Ausführung, nämlich den tatsächlichen fabrikmäßigen Massenmord, nicht um einen Deut verstehbarer machen.» Sternberger fährt fort: «Auch besteht der Vorgang ‹Auschwitz› nicht allein aus der Untat der methodischen Menschenvernichtung, sondern zugleich aus dem millionenfachen unhörbaren Schrei der unschuldigen Opfer, und auch daran ist nichts zu ‹verstehen›, da dieser Schrei ja gar nicht hat laut werden können.»

Mit Sternbergers Argument war für mich der Antifaschismus als Rechtfertigung linker Utopien gründlich in Frage gestellt, aber noch war ich weit von dem Gedanken entfernt, irgendeinen Konservatismus in näheren Betracht zu ziehen.

Ich bin ja auch nicht vorsätzlich konservativ geworden, sondern es hat sich nach und nach so ergeben. Vermutlich ist das ohnehin die Regel: Man sucht sich seine Weltanschauung nicht aus, sondern das Leben, die Umstände, das Alter führen einen zu bestimmten Haltungen und Anschauungen hin.

Ein Erlebnis, das mich auf diesem Weg ein Stück weiter führte, war jenes Kolloquium des Bertelsmann-Konzerns, das unter dem Titel «Kulturnation Deutschland» im Juni 1990 in Potsdam stattfand, bizarrerweise im Schloss Cecilienhof, wo Attlee, Stalin und Truman am 2. August 1945 das Potsdamer Abkommen unterzeichnet und die Teilung Europas besiegelt hatten. Jetzt hatte man, vermutlich der Mikrophonkabel wegen, den Boden des Saales durch Podeste angehoben, mit rotem Teppich belegt und darauf die Konferenzmöbel installiert. So wirkte der historische Tisch, als versänke er, Zeugnis einer untergegangenen Epoche, zusammen mit den drei Wimpeln der Siegermächte in Grund und Boden. Die Deutschen aus Ost und West, prominente Politiker wie Willy Brandt, Kurt Biedenkopf, Markus Meckel oder Friedrich Schorlemmer, Schriftsteller wie Christa Wolf, Stefan Heym, Walter Jens oder Günter de Bruyn, daneben ein paar ausländische Gäste und jede Menge Vertreter der Medien: Sie alle redeten zueinander über diesen versinkenden historischen Ort hinweg, als wäre die neue Zeit schon gesichert, als wäre die Vereinigung schon die innere Einheit.

Der Tagung war die Kontroverse über Christa Wolfs Erzählung «Was bleibt» vorausgegangen. Die Autorin hatte den 1979 geschriebenen Text, der ihre Überwachung durch die Stasi und ihre Gefühle wachsender Angst und Bedrückung schildert, im Mai 1990 veröffentlicht, und zwar, wie es am

Ende hieß, in einer überarbeiteten Fassung. Diese Erzählung wurde am 1. Juni in der «Zeit» in einem Pro von Volker Hage und einem Contra von mir rezensiert. Einen Tag später erschien in der «FAZ», verfasst von Frank Schirrmacher, ebenfalls ein grundsätzlich angelegter Verriss. Die Tatsache, dass Christa Wolf von zwei einflussreichen Feuilletons des Westens nahezu gleichzeitig heftig kritisiert worden war, führte bei vielen Beobachtern zu der Vermutung, bei manchen zu der festen Überzeugung, hier werde eine verabredete Kampagne geführt. Schirrmacher und ich wiederholten mehrfach, dass wir nichts abgesprochen, nichts voneinander gewusst hätten. Es half nichts.

Walter Jens sprach in Potsdam von «Jagdszenen», unterstellte den «nassforschen» Kritikern «Spruchkammerdenken». Friedrich Schorlemmer sprach von «Denunziation», und Stefan Heym setzte auf all dies den Punkt, indem er sagte: Er sei amerikanischer Nachrichtenoffizier gewesen und wisse daher, wie man solche Hetzkampagnen steuere. Christa Wolf selbst nannte die Kritik eine «bewusste, gezielte Demontage» und sagte, «solche Wut, solche Aggression, solchen Hass und solche Häme» finde sie erschreckend: «Ich bin noch nie, mit zwei Ausnahmen im ‹Neuen Deutschland›, einer solchen Hetzkampagne ausgesetzt worden.»

Die Gleichsetzung von «Zeit», «FAZ» und «Neuem Deutschland» erregte in Potsdam keinerlei Widerspruch. Die Versammlung nahm es auch bereitwillig hin, dass keiner der dissidentischen Autoren, die sich 1976 gegen die Ausbürgerung Wolf Biermanns gewandt und nach und nach im Westen Aufnahme gefunden hatten, eingeladen worden war: weder Günter Kunert oder Sarah Kirsch, weder Reiner Kunze noch Hans Joachim Schädlich, nur zum Beispiel. Natürlich war auch Wolf Biermann nicht eingeladen, der doch zum Thema deutsche Kulturnation manches hätte sagen und singen können. Eingeladen und anwesend hingegen war der frühere Zensurminister Klaus Höpcke, der beim Kampf der DDR gegen Biermann eine üble Rolle gespielt hatte.

Der Literaturstreit im frisch vereinten Deutschland brachte keine Einigung, aber er vereinte linke Intellektuelle aus Ost und West. Gemeinsam sahen sie sich als Opfer: hier des Kapitalismus, dort des Stalinismus; hier einer reaktionären, geistfeindlichen Medienlandschaft, dort eines versteinerten Systems, das nun, nachdem es zusammengebrochen war, endlich in einen freiheitlichen Sozialismus überführt werden sollte. Ich war, wie man sich vorstellen kann, von diesen Vorgängen (und auch von den persönlichen Attacken) tief irritiert. Aber noch war ich nicht so weit, meine bisherigen, auf unklare Weise linken Überzeugungen abzulegen.

Da begegnete ich während einer Kaffeepause auf der Potsdamer Tagung dem Historiker Joseph Rovan. Unter dem Namen Joseph Rosenthal 1918 in München als Sohn eines zum Protestantismus konvertierten Juden geboren, der schon 1933 nach Frankreich emigrierte, machte Rovan sein Abitur (Baccalauréat) ebendort und wurde Mitglied der Résistance. Er wurde verhaftet, nach Dachau deportiert, überlebte und spielte in der französischen Nachkriegspolitik eine bedeutende Rolle: als Historiker und Berater, als Publizist und als Beförderer des Projekts der deutsch-französischen Freundschaft. Er ist 2004 in Frankreich gestorben.

All dies wusste ich nicht, als wir in einer zufälligen Runde zusammensaßen und über das eigentliche Thema dieser Tagung diskutierten, über die totalitären Ideologien des

Jahrhunderts und über die zweite deutsche Vergangenheitsbewältigung. Ich erinnere mich daran, dass ich zu Rovan,
der damals so alt war wie ich heute, während ich gerade
mal 44 Jahre zählte, sinngemäß Folgendes sagte: Der Terror
Stalins und der Hitlers seien unbestreitbar gleich schreck-
lich gewesen. Der Nationalsozialismus jedoch habe es nie
zu einer konsistenten Theorie gebracht, er habe sich zu-
sammengeklaubt, was ideologisch herumlag und brauchbar
erschien, und er habe es auch nicht vermocht, Geistesgrö-
ßen und Intellektuelle dauerhaft in seinen Bann zu ziehen.
Der Kommunismus hingegen blicke auf eine bedeutende
philosophische Ahnengalerie zurück, die wichtigsten Intellektuellen des Jahrhunderts seien ihm wenigstens zeit-
weise gefolgt. Es liege daran, so etwa schloss ich in meinem
jugendlichen Eifer, dass diese Idee in einem faszinierenden
theoretischen System gipfele. Ich weiß noch, dass mich
Rovan mit einem milden ironischen Lächeln anblickte und
jenen vernichtenden Satz sagte, der mir nie wieder aus dem
Kopf gegangen ist: «Das gerade ist ja das Schlimme.»

Die Tragweite dieser Begegnung blieb mir lange verborgen.
Heute weiß ich, dass der Widerstandskämpfer Rovan recht
hatte, heute weiß ich, dass die großen Renegaten, ob Arthur
Koestler oder Manès Sperber, die Helden dieser Auseinandersetzung gewesen sind. Noch der traurige Streit zwischen
Jean-Paul Sartre und Albert Camus ist, von heute aus gesehen, zugunsten von Camus ausgegangen. All das ist vergessen, es spielt keine Rolle mehr. Aber es müsste eine spielen,
denn noch immer sind die linken Verheißungen virulent.

Mir kam das in den Sinn, als Anton Hofreiter, der Bundes-
tagsabgeordnete der Grünen, in einem Fernsehbeitrag gezeigt wurde, der unter anderem vorführte, zu welchen Ver-

werfungen und Seilschaften die staatlichen Zuschüsse für Windräder teilweise geführt haben. In dieser Sendung sah man Anton Hofreiter, wie er eine Demonstration für Windenergie anführte und mit einer Leidenschaft, die an eine neue Weltrevolution denken ließ, ins Mikrophon schrie, die alternativen Energien seien der einzige Weg, die Klimakatastrophe abzuwenden, und er verstieg sich zu dem Satz: «Es geht um die Rettung der Menschheit!» Wenn es darum geht, dann bedeutet es, einer eschatologischen Theorie zu folgen, die, weil sie aufs Äußerste zielt, äußerste Mittel anzuwenden sich gezwungen sieht. Wenn es um die Rettung der Menschheit geht, sind Rücksichten nicht mehr angebracht. Man wird sich vor diesen Rettern retten müssen.

Es ist wahr, dass die kommunistische Verheißung derzeit keine Anziehungskraft mehr besitzt, und es wäre unfair, allen Grünen oder Linken zu unterstellen, sie wünschten sich eine Wiederkehr des Kommunismus. Die Fairness verbietet es allerdings auch, den «Rechten», wer immer damit gemeint sein soll, generell eine Nähe zur verbrecherischen Nazi-Ideologie nachzusagen. Und dies geschieht fast immer in erstaunlicher Eile.

Um auf den Literaturstreit zurückzukommen: Derjenige Westler, der sich am vehementesten die Kritik an den ostdeutschen dageblieben Intellektuellen verbat, war Walter Jens, der von 1989 bis 1997 als Präsident der Berliner Akademie der Künste dafür sorgte, dass nicht wenige DDR-Künstler darin Aufnahme fanden. Wolf Biermann schreibt in seiner Autobiographie «Warte nicht auf bessre Zeiten!»: «Jens schaffte es mit linksprotestantischer List und katholischer Tücke. Er drückte im Berliner Akademie-Streit durch, dass die spitzelnden Hofschranzen des DDR-Regimes alle

ungeprüft übernommen wurden. Friede-Freude-Eierakade-
mie. Unter welchen Zwängen Jens das tat, konnten wir nicht
ahnen, weil wir den blutjungen und naiven NSDAP-Partei-
genossen in seinem Keller noch nicht kannten.»[13] In der Tat.

In einem Gespräch, das ich 2006 in Hamburg mit Wolf Biermann führte, fragte ich ihn: «Warum sind Sie mit 16 Jahren
in die DDR gegangen, warum haben Sie so lange an ihr fest-
gehalten?» Seine Antwort: «Weil ich so geprägt worden bin.
Ich komme aus einer ‹katholischen› Familie, und das Wort
katholisch heißt bei mir kommunistisch. Ich glaubte an den
lieben Gott, und das war bei mir Karl Marx. Mein Vater war
als Märtyrer auf dem Scheiterhaufen verbrannt, und der
Scheiterhaufen hieß bei mir Auschwitz. Und meine Mutter
Emma hatte ihren Privatkrieg mit Herrn Hitler. Nachdem
ihr geliebter Mann und Genosse abgeschlachtet war, als
Kommunist und als Jude, nachdem die ganze jüdische Familie in die Grube geschossen war, hatte sie den Ehrgeiz, ein
Kind heranzuziehen, das seinen Vater, wie sie es kindlich
nannte, rächen sollte. Was das konkret heißen sollte, wusste
sie selber nicht.»[14]

Es ist erstaunlich, wie vieler Nackenschläge es bedurfte,
bis Biermann vom kommunistischen Glauben abfiel. In
seiner Autobiographie erzählt er, wie er schon als Schüler
einem infamen Erpressungsversuch der Stasi widerstehen
musste. Den Mauerbau «begrüßt» er, «nicht begeistert, aber
immerhin tieftraurig».[15] Er erlebt die Turbulenzen des Un-
garn-Aufstands 1956 und des Prager Frühlings 1968. Das Di-
plom in den Fächern Philosophie und Mathematik, das ihm
nach gut bestandener Prüfung zusteht, wird ihm verweigert.
Seine Bücher werden nicht gedruckt, öffentliche Auftritte
untersagt. Die Stasi unternimmt Anschläge auf ihn, die er

nur durch Glück überlebt. Trost und Stärkung findet er bei seinem Freund Robert Havemann: «Alter Fuchs und junger Wolf. Als Gegensätze passten wir bestens zusammen. Seit Robert der Guillotine im Naziknast entronnen war, hielt er sich für unsterblich. Er begrüßte sich jeden Morgen im Spiegel und beglückwünschte die Menschheit dazu, dass er am Leben war.»[16]

Es scheint so, als wären die edelmütigen und starrsinnigen Kommunisten Bier- und Havemann durch die Drangsal, in der sie lebten, durch die Tragödien der Freunde, die sie mit ansehen mussten, immer noch edelmütiger und starrsinniger geworden, so wie man den christlichen Märtyrern nachsagt, die Verfolgungen und Foltern hätten sie im Glauben nur bestärkt. Einmal begegnet Biermann dem österreichischen Kommunisten Ernst Fischer, ehemals Chef der KPÖ, und fragt ihn, warum ihn Stalins Verbrechen nicht stutzig gemacht hätten. Die Antwort: «Wir dachten: Wenn es so grauenhaft ist, wie es aussieht, dann kann es gar nicht so sein, wie es ist.»[17]

Noch Anfang der achtziger Jahre, so erzählt Biermann, habe er gedacht: Ich bin der richtige Kommunist, Honecker und die Bonzen sind die Antikommunisten. Da begegnet er einmal einem echten Nazi, der ihm erklärt, Hitler habe mit der Ausrottung der Juden einen Fehler gemacht, ansonsten sei er auf dem richtigen Weg gewesen. Und jetzt beginnt Biermanns Wandel: «Wer sich heute noch Kommunist nennt, brannte es mir durchs Gehirn, der versteht sich als einen guten, einen richtigen, einen besseren Kommunisten. Er unterliegt aber dem gleichen Irrtum wie ein guter Nazi, der den Massenmord an den Juden für einen Fehler hält, den man beim nächsten totalitären Tierversuch an lebendigen

Menschen besser vermeiden sollte.» Wenig später trifft er den großen Schriftsteller und Renegaten Manès Sperber, der ihm überzeugend darlegt: «Es kann keinen guten, keinen richtigen Kommunismus geben.»[18]

Meine eigene Abkehr von linken Ideen hatte nicht entfernt die Bedeutung, nicht annähernd die Dramatik, die sie für Biermann hatte. Doch wenn ich mir sein Leben vor Augen führe, die Demütigungen und Repressalien, die er erleiden musste, dann frage ich mich abermals, weshalb es hierzulande noch immer als schick oder zumindest als akzeptabel gilt, links zu sein. Hat «links» mit den ungeheuren Verbrechen, die im Namen des Kommunismus begangen wurden, überhaupt nichts zu tun? Ich wundere mich, wenn jemand wie Dietmar Bartsch in der «Tagesschau» vor die Kamera tritt, um das jeweilige Versagen der Bundesregierung zu brandmarken. Bartsch ist, zusammen mit Sahra Wagenknecht, Vorsitzender der Linksfraktion im Bundestag. Er wurde 1977 Mitglied der SED, er arbeitete an der Akademie für Gesellschaftswissenschaften beim ZK der KPdSU in Moskau, er war Schatzmeister der Nachfolgepartei der SED, die sich PDS nannte. Jedes Mal, wenn ich Dietmar Bartsch in der «Tagesschau» sehe, versuche ich mir vorzustellen, wie es im entgegengesetzten Fall wäre: wenn ein Politiker, ehemaliges Mitglied der NSDAP und heute aktiv in irgendeiner mehr oder weniger geläuterten Nachfolgepartei, sich öffentlich zu Wort melden wollte.

Nein, ich behaupte nicht, die SED sei eine ebenso schlimme Partei wie die NSDAP gewesen. Es kommt mir nur seltsam vor, dass die Mitarbeit in kommunistischen Institutionen der Sowjetunion als interessantes biographisches Faktum zu gelten scheint, während im ideologisch entgegengesetzten Fall ernste Konsequenzen zu gewärtigen wären – zu Recht, wie ich finde. Was mich stört, ist der Mangel an historischer Gerechtigkeit, ist die vorherrschende Weigerung, die «linken» Verbrechen ebenso im Gedächtnis zu behalten wie die «rechten». Hat man vergessen, dass die Zahl der Menschen, die dem Kommunismus zum Opfer gefallen sind, vermutlich größer ist als die der Opfer des Dritten Reiches? Ich weiß, dass solche Vergleiche nicht weit führen, allein schon deshalb, weil die Nationalsozialisten nur zwölf Jahre lang Unheil anrichten konnten (dies allerdings mit größter Effizienz), während die Kommunisten nahezu hundert Jahre Zeit hatten, den neuen Menschen zu erziehen. Die Verwüstungen, die sie dabei über Generationen hinweg in den Seelen der Menschen angerichtet haben, sind noch lange nicht ausgestanden.

Und weiter: Hatten die Terroristen der sogenannten Rote-Armee-Fraktion nichts mit der Linken zu tun? Sicherlich: Sie waren «Hitlers Kinder», wie der Titel des 1977 erschienenen Buches von Jillian Becker lautete. Aber sie waren eben auch Produkte des herrschenden Zeitgeistes, sie hatten sich im Bannkreis der «außerparlamentarischen Opposition» und des Neomarxismus bewegt, sie hatten Ideen, die in vielen linken Köpfen spukten, wörtlich genommen und in die Tat umgesetzt. Als der Generalbundesanwalt Siegfried Buback am 7. April 1977 von Mitgliedern der RAF erschossen wurde (und mit ihm sein Fahrer Wolfgang Göbel sowie der Leiter der Fahrbereitschaft Georg Wurster), bekannte der anonyme «Göttinger Mescalero» in der Zeitschrift des Göttinger AStA seine «klammheimliche Freude» über den Mord. Und es war klar, dass diese Freude von nicht wenigen geteilt wurde, denn Buback, ehemals Mitglied der NSDAP, entsprach exakt dem Feindbild, das von den Linken gepflegt wurde. Als ich von dem Anschlag hörte, bestand meine erste Reaktion darin, dass ich voller Ärger eine weitere Verschärfung der sogenannten Sympathisantenjagd voraussagte, und ich weiß noch, wie mich meine Freundin empört zurechtwies und sagte: «Ein Mensch ist umgebracht worden!»

Heute schäme ich mich meiner Blindheit, meines Mangels an Mitgefühl. Damals jedoch war ich davon überzeugt, dass kritische Fragen nach einer linken Mitverantwortung für den Terror der RAF nur dazu dienen sollten, die Achtundsechziger insgesamt zu diskreditieren. Denn darum ging es in dem Streit um das «Sympathisantentum» und die «geistige Mittäterschaft»: Hatten die linksradikalen Intellektuellen, die in der «BRD», wie sie kaltschnäuzig abgekürzt wurde, nur eine modernisierte Variante des Faschismus erblickten, mit dem Terror irgendetwas zu tun? Schon die Frage schien mir gänzlich unerlaubt.

Ein Buch, das diese Stimmung dokumentiert, sind die 1977 erschienenen «Briefe zur Verteidigung der Republik».[19] Wenn ich sie heute lese, dann sehe ich zu meiner Verwunderung die gewaltige Anzahl namhafter Schriftsteller und Intellektueller, die den Zusammenhang von Terror und linker Ideologie entweder leugneten oder begütigend kleinredeten. Damals habe ich mich nicht darüber gewundert. Ich stand im Bann jener oft zitierten Zeilen aus dem Epilog von Brechts «Arturo Ui»: «Der Schoß ist fruchtbar noch, aus dem das kroch.»

Die von Botho Strauß vor Jahren geforderte Äquidistanz zu den verbrecherischen Großideologien läuft ins Leere, weil Kommunismus und Sozialismus noch immer für letztlich humanitäre Ideen gehalten werden, während alles politisch

Konservative unverzüglich und erfolgreich in die Nähe des Rechtsextremismus gerückt und somit erledigt wird. Ein Beispiel dafür war die Reaktion auf den Essay «Anschwellender Bocksgesang», den Botho Strauß am 8. Februar 1993 im «Spiegel» veröffentlicht hatte. Die Passage, an der sich Widerspruch, auch Hohn und Spott entzündeten, lautete:

«Wir warnen etwas zu selbstgefällig vor den nationalistischen Strömungen in den osteuropäischen und mittelasiatischen Neu-Staaten. Daß jemand in Tadschikistan es als politischen Auftrag begreift, seine Sprache zu erhalten wie wir unsere Gewässer, das verstehen wir nicht mehr. Daß ein Volk sein Sittengesetz gegen andere behaupten will und dafür bereit ist, Blutopfer zu bringen, das verstehen wir nicht mehr und halten es in unserer liberal-libertären Selbstbezogenheit für falsch und verwerflich. Es ziehen aber Konflikte herauf, die sich nicht mehr ökonomisch befrieden lassen; bei denen es eine nachteilige Rolle spielen könnte, daß der reiche Westeuropäer sozusagen auch sittlich über seine Verhältnisse gelebt hat, da hier das ‹Machbare› am wenigsten an eine Grenze stieß. Es ist gleichgültig, wie wir es bewerten, es wird schwer zu bekämpfen sein: daß die alten Dinge nicht einfach tot sind, daß der Mensch, der Einzelne wie der Volkszugehörige, nicht einfach nur von heute ist. Zwischen den Kräften des Hergebrachten und denen des ständigen Fortbringens, Abservierens und Auslöschens wird es Krieg geben.»[20]

Das war eine Prophezeiung, deren Wahrheit uns heute, mehr als zwanzig Jahre später, längst eingeholt hat. Und es war eine Kampfansage aus konservativem Geist. Zum zwanzigsten Jahrestag der höchst erregten Debatte schrieb Wolfgang Büscher, die linken Intellektuellen hätten das Gefühl gehabt, nun sei es wieder so weit: «Nun müssten Demokratie und Aufklärung, vulgo 1968, gegen rechts verteidigt werden. Rechts, das Wort war der Skandal. Alles, was rechts war, schien doch historisch überwunden, und nun nahm Strauß das Unwort ganzer Jahrzehnte wieder ungeniert in den Mund. Ausgerechnet er, das setzte dem Skandal die Krone auf. Mitten im Milieu erhob der altrechte Feind sein Haupt, mitten im linksprotestantischen Kulturbürgertum, das die Theater, die Literatur, die Medien der Bundesrepublik so tief geprägt hatte.»[21]

Doch was heißt «rechts»? Die Antwort von Botho Strauß: «Rechts zu sein, nicht aus billiger Überzeugung, aus gemeinen Absichten, sondern vom ganzen Wesen, das ist, die Übermacht einer Erinnerung zu erleben; die den *Menschen* ergreift, weniger den Staatsbürger, die ihn vereinsamt und erschüttert inmitten der modernen, aufgeklärten Verhältnisse, in denen er sein gewöhnliches Leben führt. Diese Durchdrungenheit bedarf nicht der abscheulichen und lächerlichen Maskerade einer hündischen Nachahmung, des Griffs in den Secondhandshop der Unheilsgeschichte. Es handelt sich um einen anderen Akt der Auflehnung: gegen die Totalherrschaft der Gegenwart, die dem Individuum jede Anwesenheit von unaufgeklärter Vergangenheit, von geschichtlichem Gewordensein, von mythischer Zeit rauben und ausmerzen will. Anders als die linke, Heilsgeschichte parodierende Phantasie malt sich die rechte kein künftiges Weltreich aus, bedarf keiner Utopie, sondern sucht den Wiederanschluß an die lange Zeit, die unbewegte, ist ihrem Wesen nach Tiefenerinnerung und ist insofern eine religiöse oder protopolitische Initiation. Sie ist immer und existentiell eine Phantasie des Verlustes und nicht der (irdischen) Verheißung.»[22] Als ich den heftig umstrittenen Essay damals las, hatte ich gemischte Gefühle. Anders gesagt: Die Tragweite, die Triftigkeit dieser Gedanken waren mir noch nicht hinreichend klar.

Der Konservatismus, der mir vorschwebt, ist kein politisches Programm, und schon gar nicht folgt er Armin Mohlers «konservativer Revolution». Er hat auch nichts zu tun mit der Idee des «geheimen Deutschlands», die im Kreis der mir gründlich suspekten George-Jünger offenbar noch immer herumspukt. Mein Konservatismus versucht die «Tiefenerinnerung», von der Strauß spricht, lebendig zu halten, also ein historisches Bewusstsein zu entwickeln, das nicht bei Auschwitz endet, sondern die ganze Geschichte unseres Herkommens kennt. Sie ist unweigerlich von dem geprägt, was manche verächtlich, andere in ideologischer Absicht «christliches Abendland» nennen. Die kulturelle Tradition des Christentums ist derart alltäglich und selbstverständlich, dass sie vielen gar nicht mehr bewusst ist. Es fiele ihnen vielleicht unangenehm auf, wenn man den Sonntag abschaffte oder gar Weihnachten, wenn die Kirchen zu Museen würden und von den Friedhöfen die Kreuze verschwänden.

Immerhin könnte uns jetzt, da uns mit dem Islam ein neuer religiöser Ernst begegnet, die Bedeutung des eigenen kulturellen Herkommens etwas heller einleuchten. Leider sieht es danach nicht aus. Im Gegenteil beobachte ich nicht nur in Deutschland einen seltsamen Selbsthass, der alles, was nach christlicher Tradition aussieht, unter dem Deckmantel multikultureller Fairness verleugnet und beispielsweise den deutschen «Weihnachtsmarkt» in «Wintermarkt» umtauft oder in England das traditionelle Ostereiersuchen «Easter Egg Trail» in «Great British Egg Hunt». Die nichtchristlichen (agnostischen oder muslimischen) Mitbürger sollen sich nicht ausgeschlossen fühlen. Man schämt sich der eigenen Kultur. Wahrscheinlich nicht einmal das: Man kennt sie nicht.

Mein Konservatismus behauptet außerdem, dass es nicht nur sinnvoll, sondern auch notwendig ist, zwischen dem Eigenen und dem Fremden zu unterscheiden. Mein Konservatismus behauptet weiterhin, dass der Mensch nicht das Maß aller Dinge und nicht der Herr der Schöpfung ist, sondern dass er gut daran tut, sich seiner Grenzen bewusst zu bleiben. Diese Grenzen haben mit seiner natürlichen Beschaffenheit zu tun, und dabei ist klar, dass das «Natürliche» in der Geschichte der Menschheit immer auch das «Kultürliche» gewesen ist, was bedeutet: die gewordene und ständig zu verteidigende Kultur. Diese Kultur konnte nur zustande kommen, weil der Mensch frei ist und somit selbstverantwortlich. Deshalb wehrt sich mein Konservatismus – und hier denke ich im ursprünglichen Sinn liberal – gegen die Diktatur der Fürsorge und gegen alle Bevormundungen aus dem Geist der Utopie. Ich bin also entschieden gegenwartskritisch, in vieler Hinsicht modernisierungskritisch, und ich bin davon überzeugt, dass sich das jeweils Neue gegen das Erprobte zu rechtfertigen hat, und nicht, wie es derzeit der Fall ist, umgekehrt. Diese Thesen, diese Postulate bedürfen der Erläuterung. Man findet sie auf den folgenden Seiten.

3

Das Eigene und das Fremde – Die Frage nach
der deutschen Identität – Flüchtlingspolitik:
Willkommenskultur und Kontrollverlust

E s ist gängig, den humanitär gesinnten Zeitgenossen,
der den Multikulturalismus begrüßt und die Willkommenskultur hochhält, «links» zu nennen, den realitäts-
bezogenen Zeitgenossen hingegen, der eine Obergrenze der
Zuwanderung fordert und vor einer Islamisierung warnt,
hingegen «rechts». Was abermals in das öffentlich gepflegte
Bild passt, die Linken seien weltoffen und die Rechten bor-
niert. Letztlich geht es um die Kategorien des Eigenen und
des Fremden. Wer links ist, neigt zum Internationalismus, er
kann also das Eigene für nebensächlich halten und muss es
nicht näher bestimmen. Als Konservativer jedoch kann ich
mich vor dieser Frage nicht drücken, obwohl die möglichen
Antworten in manche Fallen führen.

Unbestreitbar bedienen sich viele Anstrengungen, das
Eigene zu definieren, bei rechten oder rechtsradikalen Theo-
rien. Dazu gehört der Begriff des Völkischen, der aus zweierlei Gründen unbrauchbar ist. Erstens ist er rassisch und
biologisch aufgeladen und führt allein schon deshalb in die

Irre, weil die deutsche Bevölkerung zu keiner Zeit in diesem Sinn homogen gewesen ist, auch schon vor den jüngsten Zuwanderungen nicht. Und zweitens hat der Begriff eine wahrhaft üble Geschichte, die allgemein bekannt sein sollte und die es verbietet, mit dem «Völkischen», was immer das sein soll, auch nur versuchsweise zu operieren.

Es gibt allerdings Versuche, das Eigene nicht rassisch-biologisch, sondern kulturell zu bestimmen und an die zunächst unverdächtige Tradition der Romantik anzuknüpfen. Damals erblickte man im Brauchtum, in den alten Liedern und Erzählungen den ungehobenen Schatz dessen, was eigentlich das Deutsche sei. Es war die Zeit, als die Germanistik zur Wissenschaft wurde, als Clemens Brentano und Achim von Arnim die Volksliedersammlung «Des Knaben Wunderhorn» präsentierten und die Brüder Grimm ihre berühmten «Kinder- und Hausmärchen» sammelten. Später zeigte es sich, dass nicht wenige dieser Märchen französischen und orientalischen Ursprungs waren, also keineswegs unbedingt deutsch, und dass viele Lieder, die in «Des Knaben Wunderhorn» als Volkslieder entdeckt worden waren, von älteren Dichtern etwa des Barock stammten und von den beiden Herausgebern freihändig umgedichtet und ihren Zwecken angepasst worden waren. Mit anderen Worten: Es führt in meinen Augen nicht wesentlich weiter, wenn man das Eigene im Sinne eines «deutschen Wesens» kulturell überhöhen und somit eingrenzen will.

Ein anderer Versuch ist der Begriff der Leitkultur. Zuweilen wird er verknüpft mit dem des christlichen Abendlandes. Dieses nun bedeutet den meisten Zeitgenossen nur noch wenig. Daraus folgt aber keineswegs, dass es bedeutungslos geworden wäre. Auch wenn die Zahl der aktiven Christen abgenommen hat, so sind doch die kulturellen Traditionen, in denen wir leben und denken, vom Christentum geprägt. Auch das Grundgesetz, nicht nur seine Präambel, ist ohne christliche Wertvorstellungen nicht denkbar. Dabei kommt es nicht darauf an, ob die Nachkommen dieses christlich-kulturellen Zusammenhangs tatsächlich noch an Gott glauben, zumal die Frage, was das konkret heißen soll, an Gott glauben, selbst von Gläubigen nicht leicht zu beantworten ist, sondern nur darauf, dass eine Tradition, die sich über Jahrhunderte herangebildet hat, nicht von heute auf morgen verschwindet.

Mir selber hat dieser Gedanke erst spät eingeleuchtet. Katholisch erzogen, als Ministrant und später als Cusanus-Stipendiat zu bescheidenen Ehren gelangt, trat ich in den Jahren der Revolte aus der Kirche aus – um Dezennien später wieder zurückzukehren. Ich erspare dem Leser die Geschichte meiner doppelten Konversion und sage nur dies: Es war die ehrfurchtgebietende Geschichte der christlichen Kultur samt ihren wunderbaren Werken der Architektur, der Musik und der bildenden Kunst, die mich allmählich nachdenklich stimmten und mich schließlich darauf brachten, dass dieser seitdem nie übertroffene Reichtum an Schönheit und gedanklicher Tiefe etwas mit seiner Ursprungsidee, also mit der christlichen Botschaft, zu tun haben müsse.

Was genau? Es war «die Erfindung des Individuums», wie der englische Ideenhistoriker Larry Siedentop es genannt hat. Sie entstand aus der christlichen Überzeugung, dass alle Menschen von Gott geschaffen seien und daher die gleichen Rechte hätten. Das waren moralische, «natürliche» Rechte, im Unterschied zu jenen, die sich aus dem Herkommen und dem Stand ergaben. Siedentop schildert in seinem Buch[23], wie die Entwicklung des Kirchenrechts, das seinerseits eine Umformung des römischen Rechts war, den Gleichheitsgedanken begründet hat, auch wenn er zunächst noch nicht «demokratisch» in unsrem heutigen Verständnis war, denn als oberster Richter in moralischen Dingen verstand sich der Papst in seiner Rolle als Stellvertreter Christi.

Siedentop bezeichnet diese Entwicklung, die sich hauptsächlich im 12. Jahrhundert vollzog, als «Papstrevolution» und fragt: «Wodurch wurde die Papstrevolution so dynamisch, dass sie auch die weltliche Regierung zu verändern begann?» Seine Antwort: «Der tiefere Grund war die Erfindung des Individuums, die Einführung einer primären sozialen Rolle, die die radikalen Statusunterschiede der traditionellen Rollen schwächte. Die Statusgleichheit, die dieser neuen Rolle innewohnte, stellte in Europa die Weichen für eine Entwicklung, die bis dahin noch keine menschliche Gesellschaft genommen hatte.»[24] Diese Entwicklung war durchaus doppeldeutig. Die Transformation eines moralischen Status (der «Seele») in eine soziale Rolle habe ein neues Bild der Gesellschaft geprägt, einer Gesellschaft «als Zusammenschluss von Individuen statt von Familien, Stämmen oder Kasten. Ermöglicht wurde das durch den Anspruch des Papsttums auf ‹Souveränität›. Denn die Forderung nach gleicher Unterwerfung unter eine souveräne Autorität hatte eine bemerkenswerte Konsequenz. Kein Untertan eines Souveräns hat irgendeine prinzipielle Verpflichtung, jemand anderem als diesem zu gehorchen. Folglich ist das Recht zu befehlen oder die Pflicht zu gehorchen nicht mehr untrennbar mit bestimmten ererbten oder gewohnheitsrechtlichen Rollen verbunden. Durch die Existenz einer souveränen Autorität bekommen die Akteure eine Distanz zu anderen Rollen, die sie zufällig bekleiden.

Sie verwandeln sich in Rollenträger, Akteure, deren Identität nicht erschöpfend durch ihre anderen Rollen definiert wird. Sie werden veranlasst, ihr eigenes Wollen zu entwickeln und Individuen zu werden.»[25]

Mit leiser Ironie bemerkt Siedentop am Ende dieses Gedankengangs: «Die Päpste und Kirchenrechtler, die die Papstrevolution vorantrieben, werden wohl kaum alle Konsequenzen ihrer Reformen vorausgesehen haben.»[26] Zu den Konsequenzen zählte der Liberalismus, der die Freiheit des Individuums in den Mittelpunkt stellte, die Trennung von privatem Glauben und öffentlicher Angelegenheit auf die Tagesordnung setzte und damit die Trennung von Staat und Kirche. Der Säkularismus war die unbeabsichtigte Konsequenz, die aus der Idee der moralischen Gleichheit aller Menschen folgte. Und diese Konsequenz bildet bis heute den Unterschied zwischen Orient und Okzident.

Wenn man also eine westlich-europäische Identität und daraus abgeleitet eine deutsche «Leitkultur» bestimmen wollte, so müsste man sie in ebendiesen ideengeschichtlichen Zusammenhängen suchen. Das Problem aller Identitätsbestimmungen jedoch liegt darin, dass die Frage nach dem Eigenen in der Regel erst dann brennend wird, wenn sich das Eigene nicht mehr von selbst versteht. Dies ist gegenwärtig unzweifelhaft der Fall. Die Gegner des Gedankens einer Leitkultur nämlich behaupten, es gebe sie in Wahrheit gar nicht. «Deutschland besteht seit Generationen, auf jeden Fall schon lange vor der Ankunft einer nennenswerten Menge von Fremden, aus einer Vielzahl von Parallelgesellschaften. Sie verstehen sich nur mühsam, manche hassen sich, die meisten ertragen einander seufzend», schreibt Jens Jessen in einem Essay in der «Zeit».[27] Er setzt sich darin mit dem Parteiprogramm der AfD auseinander, wo gefordert wird, Staat und Zivilgesellschaft müssten «die deutsche kulturelle Identität als Leitkultur selbstbewusst verteidigen». Jessen erblickt darin einen Angriff nicht nur auf die Fremden, sondern auf alle, die einer modernen, weltoffenen, in jeder Hinsicht bunten Gesellschaft den Vorzug geben. «Die ‹deutsche kulturelle Identität› ist nicht als Beschreibung eines Zustandes denkbar, sondern nur als Kampfziel – als kulturelle Gleichschaltung.»

Unabhängig jedoch davon, was die AfD unter «deutscher kultureller Identität» versteht, bin ich davon überzeugt, dass es diese Identität gibt. Ich finde die heftig kritisierte Initiative des Bundesinnenministers Thomas de Maizière zum Thema Leitkultur lobenswert. Er schrieb, der Begriff Leitkultur habe zwei Bestandteile: «Zunächst das Wort Kultur. Das zeigt, worum es geht, nämlich nicht um Rechtsregeln, sondern ungeschriebene Regeln unseres Zusammenlebens. Und das Wort ‹leiten› ist etwas anderes als vorschreiben oder verpflichten. Vielmehr geht es um das, was uns leitet, was uns wichtig ist, was Richtschnur ist.»[28] Von den zehn Thesen des Ministers scheinen mir zwei erwähnenswert. Erstens der Hinweis, dass wir Erben unserer Geschichte sind, und daraus folgt «ein besonderes Verhältnis zum Existenzrecht Israels». Und zweitens die Feststellung, dass dieses Land christlich geprägt ist. «Wir leben im religiösen Frieden. Und die Grundlage dafür ist der unbedingte Vorrang des Rechts über alle religiösen Regeln.»

Was de Maizière nicht eigens aufführt, was aber selbstverständlich zur Leitkultur dazugehört und worin sie zuallererst sichtbar und hörbar wird, ist die deutsche Sprache. Es liegt auf der Hand, dass eine gemeinsame Sprache das

48

stärkste Bindeglied ist, das Menschen einer Region miteinander verbindet und unter Umständen zu einer Nation macht. Die Stellung des Deutschen allerdings ist prekär. Sie wird «von unten» angefochten durch die große Zahl von Einwanderern, die das Deutsche kaum oder gar nicht beherrschen. Mehr noch aber wird sie «von oben» angefochten, von der Elite. Man schätzt, dass 80 bis 85 Prozent der deutschen Naturwissenschaftler auf Englisch publizieren, 50 Prozent der Sozialwissenschaftler und 20 Prozent der Geisteswissenschaftler.

Dies wirkt auf den Wissenschaftsbetrieb zurück. Einmal dadurch, dass in Deutschland ansässige Verlage immer häufiger nur noch englische Zeitschriftenbeiträge und Buchmanuskripte akzeptieren. Zum andern zeigt sich die Dominanz des Englischen darin, dass sich die Maßstäbe des Akademischen an die der englischsprachigen Welt angleichen. Man sieht das an der schmerzhaften Implantation der Bologna-Reform in die deutsche Universität und des in deutscher Zunge immer noch unästhetischen «Bätschelers»; mehr noch aber daran, dass die meisten Förderanträge auf Englisch zu stellen sind; und schließlich daran, dass es etwa 700 englischsprachige Studiengänge gibt.

Dass außerdem die Wirtschaft englisch spricht, versteht sich von selbst. Als Thomas Middelhoff, seinerzeit Chef von Bertelsmann, die mehrheitlich deutschen Mitarbeiter dazu anhielt, englisch miteinander zu reden, erntete er hier und da noch Irritationen. Inzwischen haben die meisten deutschen Firmen mit internationaler Betätigung Englisch zu ihrer *Corporate Language* bestimmt. Was dazu führt, dass Techniker oder Wissenschaftler aus der Dritten Welt, die Deutsch gelernt haben, um in Deutschland etwas zu werden, bei Siemens etwa erfahren müssen, sie hätten besser Englisch gelernt.

Dass schließlich die Politik das Deutsche immer mehr aufgibt, ist mit der Tatsache, dass Englisch die Sprache der Diplomatie ist, nicht vollständig erklärt. Längst ist es Usus, dass der deutsche Botschafter den deutschen Pavillon auf der Biennale in Venedig mit einer englischen Ansprache eröffnet, selbst wenn die meisten Gäste Deutsche oder Italiener sind. In der Europäischen Union gilt Deutsch als eine der drei Arbeitssprachen, es wird aber nicht angewendet – auch deshalb nicht, weil die deutschen Politiker keinen sonderlichen Wert darauf zu legen scheinen.

Die Elite in einer demokratischen Gesellschaft müsste doch, so glaube ich, darauf hinwirken, dass ihre Arbeit von einer interessierten Öffentlichkeit wahrgenommen und diskutiert werden kann. Die Chancen dazu verringern sich mit der Ausdehnung des Englischen. Es besteht die Gefahr, dass die ohnedies nicht geringe Kluft zwischen der Elite und dem Staatsvolk unüberbrückbar wird. Die Bessergestellten neigen dazu, aus sachlichen Gründen, aber auch zum Zweck des persönlichen Fortkommens, sich immer mehr aufs Englische zu verlegen. Im wohlhabenden und ambitionierten Bürgertum gehört es zum guten Ton, die Kinder auf englische Internate zu schicken. Private deutsche Hochschulen, wo selbstverständlich englisch gesprochen wird, werden von den besseren Kreisen bevorzugt.

Auch hier steigern sich die Entwicklungen gegenseitig: Je mehr in den Spitzenpositionen von Wirtschaft, Wissenschaft und Politik englisch gesprochen wird, umso mehr sehen sich jene Eltern, die es sich leisten können, dazu veranlasst, eine englischsprachige Ausbildung für das Kind zu wählen, die wiederum dazu beiträgt, dass in den Kanzleien und Konferenzräumen englisch gesprochen wird. Dem entspricht die traurige Tatsache, dass die Sprachfähigkeit in den unteren sozialen Schichten abnimmt, die deutsche wohlgemerkt, und zwar keineswegs nur bei Migrationskindern. Man kann sich ja fragen, warum sie Deutsch lernen sollen, wenn derjenige, der nach oben kommen will, vor allem Englisch können muss. Der EU-Kommissar Günther Oettinger hat einmal gesagt hat, Deutsch bleibe die Sprache der Familie und der Freizeit, die «Arbeitssprache» aber sei Englisch.

Ist derjenige, der sich für die Pflege und Bewahrung des Deutschen als eines zentralen Teils unserer Identität engagiert, ein Konservativer? Vermutlich, und manche Internationalisten werden ihn für rechts halten. Er wird es in Kauf nehmen. Denn zur Leitkultur zählt die deutsche Sprache, in der einst literarische und philosophische Werke geschrieben wurden, die zum kulturellen Erbe der ganzen Welt gehören. Wenn Kant oder Hegel auf Englisch publiziert hätten oder hätten publizieren müssen, wäre ihre Philosophie eine andere geworden. Ich behaupte keineswegs, dass man Großes nur auf Deutsch denken könne, und ich weiß, dass Leibniz sowohl deutsch wie lateinisch und französisch geschrieben hat. Doch wenn der sprachliche Zusammenhang abreißt, wenn ältere Wendungen und gedankliche Figuren mangels Bildung oder Interesse nicht mehr gekannt werden, ist die Leitkultur gefährdet, und diejenigen, die sie beschwören, sollten darauf hinwirken, dass in unseren Schulen und Universitäten hinreichend Deutsch gelernt wird. Mir scheint, dass diese Aufgabe mindestens ebenso dringlich ist wie der Spracherwerb der Eingewanderten. Und mit Sprachkenntnis im Sinne einer Leitkultur meine ich nicht allein die Beherrschung von Syntax und Grammatik, sondern auch die Fähigkeit (und das Interesse dafür), den geistigen Raum zu betreten und kennenzulernen, der unsere Kultur ausmacht.

Ein anderer Aspekt unserer Identität wird bei bewegenden kollektiven Ereignissen sichtbar, als Begeisterung, als Empörung oder als Betroffenheit. Die Reaktionen auf den Fall der Mauer 1989, der heitere Sommer der Fußball-Weltmeisterschaft 2006, die Welle der Hilfsbereitschaft für die eintreffenden Flüchtlinge im Herbst 2015 und schließlich auch das allgemeine Entsetzen über die Ereignisse der Kölner Silvesternacht kurz darauf hätten sich in anderen Ländern auf andere Weise Ausdruck verschafft. Diese Identität ist Ausdruck einer Mentalität, einer durch geschichtliche Erfahrung geprägten kollektiven Reaktionsweise. Sie ist nichts, worauf man stolz sein müsste oder dürfte. Um Stolz geht es nicht. Es geht um den geschichtlichen Raum, in dem die Menschen, ob sie wollen oder nicht, heranwachsen und den sie sich aneignen müssen, um selbstbewusste Mitglieder ihrer Gesellschaft zu werden. Erst so erlangen sie das, was man Identität nennt.

Und dazu gehören auch die Toten. Jede Kultur fußt auf den Gedanken, den Leistungen, den Kämpfen und Leiden der Vorfahren, jeder Mensch steht auf den Schultern derjenigen, die ihn gezeugt, geboren und erzogen haben. Die Freiheitsrechte zum Beispiel, die wir gedankenlos genießen, sind nicht vom Himmel gefallen, sondern von vorausgegangenen Generationen erkämpft worden.

In seiner berühmten Rede am 26. Mai 1789 in Jena «Was heißt und zu welchem Ende studiert man Universalgeschichte?» hat Friedrich Schiller gesagt: «Selbst in den alltäglichsten

Verrichtungen des bürgerlichen Lebens können wir es nicht vermeiden, die Schuldner vergangener Jahrhunderte zu werden.»²⁹ Daraus leitet er nicht allein die Notwendigkeit ab, die Geschichte zu kennen, deren vorläufiges Endprodukt wir sind, sondern auch die Verpflichtung, unseren Nachkommen diese Kenntnis zu überliefern: «Unser menschliches Jahrhundert herbeizuführen haben sich – ohne es zu wissen oder zu erzielen – alle vorhergehenden Zeitalter angestrengt. Unser sind alle Schätze, welche Fleiß und Genie, Vernunft und Erfahrung im langen Alter der Welt endlich heimgebracht haben. Aus der Geschichte erst werden Sie {damit meint er seine Hörer} lernen, einen Wert auf die Güter zu legen, denen Gewohnheit und unangefochtener Besitz so gern unsre Dankbarkeit rauben: kostbare teure Güter, an denen das Blut der Besten und Edelsten klebt, die durch die schwere Arbeit so vieler Generationen haben errungen werden müssen! Und welcher unter Ihnen, bei dem sich ein heller Geist mit einem empfindenden Herzen gattet, könnte dieser hohen Verpflichtung eingedenk sein, ohne daß sich ein stiller Wunsch in ihm regte, an das kommende Geschlecht die Schuld zu entrichten, die er dem vergangenen nicht mehr abtragen kann? Ein edles Verlangen muss in uns entglühen, zu dem reichen Vermächtnis von Wahrheit, Sittlichkeit und Freiheit, das wir von der Vorwelt überkamen und reich vermehrt an die Folgewelt wieder abgeben müssen, auch aus unsern Mitteln einen Beitrag zu legen, und an dieser unvergänglichen Kette, die durch alle Menschengeschlechter sich windet, unser fliehendes Dasein zu befestigen.»³⁰

Schiller redet hier ausdrücklich von der Weltgeschichte, in welche die deutsche Geschichte als ihr kleiner Teil eingebunden ist. Aber eine Tradition ist umso sichtbarer und spürbarer, je näher sie räumlich den Mitgliedern einer bestimmten Gesellschaft liegt und ihr somit auf je verschiedene Weise eine Identität verleiht. Diese Tradition ist keineswegs nur nationalstaatlich bestimmt. In Regionen und Landschaften bilden sich Zugehörigkeitsgefühle, die auf ein gemeinsames Brauchtum oder einen bestimmten Dialekt zurückgehen. Und auf besondere Weise prägt die Tradition den Mikrokosmos der Generationenfolge. Die verstorbenen Mitglieder einer Familie leben in den Erinnerungen fort, in den überlieferten Erzählungen, in den Tagebüchern, Briefen, Fotos, sie kehren wieder in den Eigenschaften und Eigenheiten ihrer Nachkommen. Dass dieser Zusammenhang in unserem Fall ein deutscher ist, versteht sich von selbst. Die Tatsache, dass dieser «deutsche Zusammenhang» immerzu von anderen Sprachen und Kulturen mitbestimmt worden ist, ändert nichts daran, dass es ihn gibt.

Wenn wir von den Toten reden, so gehört zur deutschen kulturellen Identität unweigerlich jenes Faktum, das wir mit dem Stichwort «Auschwitz» unzulänglich bezeichnen. Für mich und meine Generation jedenfalls war es auf eine bedrückende, unvermeidliche Weise prägend, und ich glaube, dass dies auch für meine Kinder gilt. Die deutsche Nachkriegsgeschichte – im Osten wie im Westen – hat im Bann dieser Ungeheuerlichkeit gestanden. Dass dieser Bann allmählich schwächer wird, ist der kulturgesetzliche Lauf der Dinge, doch kann man voraussehen, dass die Tatsache, ein Deutscher zu sein, auch in ferner Zukunft noch von dieser Vergangenheit gefärbt sein wird. Sie ist Teil der «deutschen kulturellen Identität», und man muss sich fragen, wie die zugewanderten Deutschen damit umgehen oder umgehen werden. Für sie ist «Auschwitz» bestenfalls ein schulischer Lernstoff, sie haben damit zunächst nichts zu tun. Doch wenn sie eines Tages wirklich «integriert» sein sollen, darf ihnen das Thema nicht gleichgültig sein. Es ist also durchaus sinnvoll, sogar notwendig, sich des Eigenen im Gegensatz zum Nicht-Eigenen oder Fremden von Zeit zu Zeit fragend zu vergewissern, und selbstverständlich kann das Fremde animierend und bereichernd wirken. Das muss aber nicht in jedem Fall so sein.

Was bedeutet «fremd»? Es ist zunächst eine sachliche Bezeichnung. Das 1828 gegründete «Hamburger Fremdenblatt» zum Beispiel hieß so, weil es ursprünglich die Liste der ankommenden Fremden abdruckte. Der Titel wurde noch Jahre nach dem Zweiten Weltkrieg vom «Hamburger Abendblatt» als Unterzeile verwendet. Auch die Bezeichnung «Fremdenzimmer» war früher in Gasthöfen die Regel. Heute ist sie weitgehend verschwunden, doch weist sie darauf hin, dass der Fremde, jedenfalls unter friedlichen Umständen, immer auch der Gast war und noch ist. Er genießt Privilegien, die mit gewissen Pflichten verbunden sind. Der Fremde ist der von außen kommende Mensch, der sich von den Einheimischen zunächst dadurch unterscheidet, dass er nicht einheimisch ist. Und «das Fremde» besteht ganz einfach darin, dass es «dem Eigenen» entgegengesetzt ist. Jedes Kind, das sich die Welt aneignet, indem es nach und nach das Bett, das Zimmer, den Flur, das Haus, die Straße erobert und somit die Eltern, die Nachbarn, die Spielkameraden, macht diese Erfahrung. Indem es das Fremde erkundet, wächst sein Eigenes.

Geht es uns Erwachsenen anders? Wohl jeder erinnert sich an seine erste Auslandsreise, an den ersten Grenzübergang, die ersten Versuche in einer fremden Sprache. Es war aufregend, schön und manchmal furchtbar peinlich. Die Gerüche waren anders, die Menschen sahen anders aus, sie benahmen sich anders. Das Fremde konnte derart herausfordernd werden, dass man vor die Wahl gestellt wurde, sich entweder anzupassen oder abzureisen.

Als ich einmal den Maler Wolfgang Mattheuer in Leipzig besuchte – es war kurz nach der Wende –, erzählte er mir, dass sein Sohn, Student an der berühmten Hochschule für Graphik und Buchkunst, zusammen mit einigen Kommilitonen beschlossen hatte, endlich, da jetzt Reisefreiheit herrschte, nach Italien, an den ewigen Sehnsuchtsort aller bildenden Künstler, zu reisen. Gemeinsam machte man Pläne, traf Verabredungen, doch als es ernst wurde, sagte einer nach dem anderen ab. Die Gründe, ob Krankheit oder Geldmangel, waren allesamt, so Mattheuer, vorgeschoben. Die wahre Ursache habe in nichts anderem bestanden als in der Furcht vor der Fremde. Ich erinnerte mich, als ich ihm zuhörte, an die panischen Gefühle, die mich wenige Tage vorm Abflug befallen hatten, als ich zum ersten Mal in die USA reiste, und nur die Tatsache, dass ich in New York mit einem Freund fest verabredet war, bewog mich dazu, meinem Vorsatz treu zu bleiben.

Seitdem weiß ich, dass das Reisen eine Sache der Übung ist. Man sollte bedenken, dass diese Übung nicht allen Bürgern in gleicher Weise vertraut ist – aus finanziellen Gründen oder wegen fehlender Vorbilder. Der Idee des Multikulturalismus nämlich hängen vor allem jene an, die gebildet und betucht genug sind, um in der Fremde, die sie oftmals bereist haben, keine Bedrohung, sondern eine Bereicherung zu erblicken. Sie haben das T-Bone-Steak samt Bourbon und die Involtini plus Chianti am Ursprungsort genießen können. Sie sollten jenen, die solches Vergnügen am Fremden nicht erfahren haben, daraus keinen Vorwurf machen. Und die Bewohner der zumeist gut ausgestatteten Wohnungen am Prenzlauer Berg oder Eppendorfer Baum müssen in der Regel die industrielle Reservearmee, die mit der Flüchtlingswelle ins Land kam, nicht fürchten.

Ein Effekt der Globalisierung besteht darin, dass sie die Vermischung des Eigenen und des Fremden dramatisch befördert hat. Sie erleichtert das Reisen – und sie erzwingt es. Die Menge des Fremden wird potenziell unendlich, und das Ansässige, Einheimische verliert an Bedeutung. Selbst in einer Großstadt, die Hamburg schon 1828 war, als das «Fremdenblatt» entstand, waren die Fremden noch leicht zu erkennen, weil man die Einheimischen kannte. Derlei ist heute, da Touristen und Immigranten die Szene bevölkern, kaum mehr vorstellbar. In abgelegenen Kleinstädten und Dörfern mag es noch der Fall sein, doch unbekannten, unvertrauten Menschen zu begegnen, welcher Couleur auch immer, ist weithin zur Gewohnheit geworden.

Gleichwohl ist die Kategorie des «Fremden» ebenso wenig verschwunden wie die des «Eigenen» oder «Vertrauten». Es sind Gegensatzbegriffe, an denen wir uns intuitiv orientieren. Ein fremder Weg erfordert eine größere Aufmerksamkeit von uns als ein bekannter, und in manchen Situationen erfordert er Wachsamkeit. Vor Jahren geriet ich abends in São Paulo in ein dunkles Viertel, das mir auch deshalb total fremd, geradezu unheimlich vorkam, weil ich die Signale, die von den Menschen ausgingen, nicht einzuordnen wusste. Ich konnte nicht mehr beurteilen, ob Gefahr drohte, und ich folgte dem Rat, den mir ein geübter Reisender einmal gegeben hatte: Ich verließ den Bürgersteig und ging zwischen den Fahrspuren auf der Mitte der Straße, bis ich helleres Gelände erreicht hatte.

Es gibt ein zuträgliches Verhältnis des Fremden und des Eigenen und also auch ein unzuträgliches. Man kann die Differenz nicht dadurch zum Verschwinden bringen, dass man alles Fremde für interessant, für bereichernd erklärt und jeden, der sich lieber unter seinesgleichen aufhält, für zurückgeblieben oder reaktionär. Die begriffslogische Dialektik des Fremden und des Eigenen ist nicht auflösbar. Das Problem verschärft sich dadurch, dass es stärkere oder schwächere Grade der Fremdheit gibt. Die kulturellen Unterschiede können so groß sein, dass sie selbst in der zweiten oder dritten Generation noch wirksam sind. Man konnte das im Juli 2016 bei einer Demonstration in Köln beobachten, wo Tausende von türkischstämmigen Deutschen einem fernen Diktator zujubelten und nicht wenige von ihnen die Einführung der Todesstrafe in der Türkei verlangten. Ein ähnlicher Vorgang wiederholte sich, als der türkische Präsident Recep Tayyip Erdoğan im April 2017 ein Referendum abhalten ließ, mit dessen Hilfe er die Gewaltenteilung aufheben und seine Macht vergrößern wollte. Das Referendum ist bekanntlich knapp zu seinen Gunsten ausgegangen. Was die deutsche Öffentlichkeit am meisten verstörte, war die Tatsache, dass ein erschreckend großer Prozentsatz der hier lebenden Türken diesem Schritt zu einer Despotie zugestimmt hat. Es wurde die Frage laut, ob die Integration nicht gescheitert sei.

Anlässlich der Debatte über einen Beitritt der Türkei zur EU hat der frühere Verfassungsrichter Ernst-Wolfgang Böckenförde Ende 2004 bemerkt, dass ein gemeinsames «Wir-Gefühl» in demokratischen Gesellschaften stärker ausgebildet sein müsse als in autoritären oder technokratischen: «Es prägt sich darin aus, dass mental wie auch emotional dasjenige, was die anderen betrifft, auch mich angeht, nicht von der eigenen Existenz getrennt wird. Auf dieser Grundlage kommt es – Ausdruck der Solidarität – zur Anerkennung gemeinsamer Verantwortung, von Einstandspflichten und wechselseitiger Leistungsbereitschaft.» Er fügte hinzu: «In dem Maße, in dem eine Gemeinschaft auf demokratische Legitimationsverfahren angelegt ist, müssen die Entscheidungen von den Menschen positiv mitgetragen werden, als von ihnen selbst getroffene und ausgehende. Daher bedarf es in weiterem Umfang gemeinsamer Auffassungen und Zielvorstellungen.»[31]

Es ist leicht zu sehen, dass der Vorrat solcher Gemeinsamkeiten nicht bei allen zugewanderten Menschen gleich groß ist. Die vielen hunderttausend Flüchtlinge, die 2015 und später nach Deutschland kamen, stammen mehrheitlich aus dem islamischen Kulturkreis, und ihre Vorstellungen von Selbstbestimmung und Meinungsfreiheit unterscheiden sich erheblich von den unsrigen. Die Warnung vor einer Islamisierung ist keineswegs absurd, auch wenn sie von ressentimentgeladenen Demonstranten an die Wand oder auf die Transparente gemalt wurde. Ich zweifle daran, dass die Eingliederung so vieler Menschen, denen unsere Kultur und Geschichte fremd sind, in absehbarer Zeit gelingen kann. Im Übrigen glaube ich nicht, dass es einen generellen Fremdenhass in diesem Land gibt. Kroaten und Polen, Ukrainer und Russen, die hier in nennenswerter Anzahl leben, haben zuweilen mit abschätzigen Reaktionen zu tun, doch nicht mit einer Pogromstimmung – ganz zu schweigen von Japanern, Italienern, Franzosen und vielen anderen Ausländern. Angenommen, Island müsste wegen eines Vulkanausbruchs evakuiert werden, und alle Isländer müssten hier unterkommen – es wäre ein Problem, aber ein lösbares.

Seit jenem Herbst 2015, als Angela Merkel nicht nur ihr Herz, sondern auch die deutschen Grenzen für Flüchtlinge öffnete, ist die Frage, was sie dazu bewog, Gegenstand zahlloser Vermutungen geworden und mittlerweile auch ernsthafter Bücher. Man muss aber die inneren Gründe nicht kennen, um so viel über den äußeren Ablauf sagen zu können: Er bestand, alles in allem, in einem völligen Versagen der maßgeblichen Institutionen – und am Ende in einem «Kontrollverlust», wie auch verschiedene Medien ein Jahr danach eingestanden, nachdem sie die Gegner der Willkommenskultur zunächst jener unwillkommenen Spezies zugeordnet hatten, die mit dem Titel «Rechtspopulisten» ausgesondert wurde. Es gab damals, wie man sich erinnern wird, offizielle Verlautbarungen der Regierung, die darauf hinausliefen, es sei unmöglich, die Grenzen zu schließen, weil es erstens dem Gebot der Humanität widerspreche und zweitens zu spät sei.

In der Tat musste man sich fragen, ob das christliche Gebot der Barmherzigkeit nicht dazu verpflichte, den Entrechteten und Entwurzelten Aufnahme zu gewähren. Die Vertreter der Kirchen jedenfalls haben mehrheitlich dazu aufgerufen. Doch muss ich auf die notwendige Unterscheidung zwischen Politik und Moral aufmerksam machen. Sich moralisch zu verhalten, ist zuallererst Sache des verantwortlichen Subjekts. Die Bedingungen dafür herzustellen, ist Sache der Regierung, die selber, da sie bloß ein befristet zuständiges Kollektiv ist, kein moralisch handelndes Subjekt sein kann, sondern bestenfalls diejenige Politik zu machen imstande ist, die moralisches Handeln ermöglicht. In der Hauptsache jedoch ist eine demokratisch gewählte Regierung dazu da, das Allgemeinwohl so weit wie möglich zu fördern sowie ihr Staatsvolk vor Unzuträglichkeiten und Gefahren zu schützen. Sie ist nicht dazu da, alles Elend dieser Welt auf Kosten des Souveräns, dem sie Rechenschaft schuldet, zu lindern. Zwar kann das eine Ziel – das innere Wohl – zuweilen nur erreicht werden, wenn man das andere Ziel – das globale Wohl – nicht aus dem Auge verliert, aber die Priorität des Regierungshandelns hat unzweifelhaft beim inneren Wohl zu liegen.

Für das individuelle Verhalten gelten andere Maßstäbe. Als Christ bin ich zur Barmherzigkeit gegen andere verpflichtet, jedoch nur so weit, als ich barmherzig sein kann, ohne mir selbst und den mir Anvertrauten zu schaden. Meine Reichweite, gleichgültig, wie tatkräftig und vermögend ich bin, ist naturgemäß begrenzt, und folglich werde ich zwischen «nahem und fernem Unglück»[32] zu unterscheiden versuchen, wobei «Nähe» natürlich nicht allein in Kilometern zu messen ist. Als Christ werde ich über das Gebot der Nächstenliebe nachdenken und mich fragen, wer denn, da ich ja nicht schlechthin alle lieben kann, jeweils der Nächste ist. Was das im Einzelfall bedeutet und ob etwa der heilige Martin, dem nachgesagt wird, er habe mit dem Schwert seinen Mantel geteilt, um einen Frierenden zu wärmen, was womöglich bedeutet hat, dass er selber zu frieren begann, Maßstab eines solchen Handelns sein soll, ist eine Gewissensfrage, die wahrlich schwer zu entscheiden ist. Entscheiden kann sie nur der Einzelne, nicht der Staat und letztlich auch nicht die Kirche.

Das Problem verschärft sich durch die Universalisierung der Moral. Die «Entgrenzung» (Kielmansegg) betrifft ja nicht allein solche Dinge wie Freihandel oder Immigration, sondern vor allem auch meine moralische Zuständigkeit. Jede Plastiktüte, in die ich am Gemüsestand unbedacht meine Champignons einfülle, ist eine Gefahr für die Weltmeere;

jedem Becher Milch, den ich sorglos trinke, sind die umwelt-schädlichen Verdauungsgase einer Kuh vorausgegangen; jeder Atemzug, den ich unbewusst tue, verschlechtert die Klimabilanz. An die Stelle des christlichen Gewissens, wo ich allein meinem Gott Rechenschaft schuldig wäre, ist das Weltgewissen getreten, dessen Kommissare niemanden davonkommen lassen. Ihre «kulturelle Hegemonie» kennt wenig Nachsicht, in ihren Augen ist grundsätzlich jeder schuldig, allein schon dadurch, dass er lebt und sich vermehrt.

Vor allem aber sind die Bewohner der westlichen Zivilisation unweigerlich an nahezu allem schuldig: an Hunger und Elend, an der Klimakatastrophe, an den Bürgerkriegen der Dritten Welt, und die Stichworte dazu lauten Kolonialismus, Imperialismus, Kapitalismus. Diese Anschauung führt am Ende zu einer Überdehnung der Moral und schließlich zu einer Moralisierung der Politik: einer Art Weltgewissen verpflichtet, das es aber leider de facto nicht gibt. Dieses Missverständnis von Politik führt dann beispielsweise zu dem merkwürdigen Ergebnis, dass junge deutsche Männer unter hohem Risiko an der Front in Afghanistan stehen, während junge afghanische Männer hierzulande in der Behörde auf die Bearbeitung ihres Asylersuchens warten.

Dass eine derart hochempfindlich moralisierte Politik in einer Übersprunghandlung dazu gelangt, über Nacht die Grenzen zu öffnen, ist leicht zu verstehen. Der zweite offiziell genannte Grund dafür aber lautete, dass es praktisch ganz unmöglich gewesen sei, sie zu schließen. Das traf vermutlich zu, doch hätte die Entscheidung, den Strom der Flüchtlinge unkontrolliert passieren zu lassen, in dieser Form nicht fallen müssen, wäre zuvor richtig entschieden oder überhaupt entschieden worden. Dass die für Deutschland überaus bequeme Dublin-Regelung den Mittelmeer-staaten im Ernstfall eine unzumutbare Last aufladen würde, war bekannt. Dass Hunderttausende nur darauf warteten, sich auf den Weg zu machen, wussten die Verantwortlichen schon Monate, wenn nicht Jahre vorher. Dass das Elend gerade in den syrischen Flüchtlingslagern den Hungernden kaum eine andere Wahl lassen würde, als ins Land der Satten aufzubrechen, war auch nicht schwer vorherzusehen. Doch hat die Bundesregierung nicht dafür gesorgt, dass die Ausgaben der UN für die Versorgung der Vertriebenen erhöht wurden anstatt, wie geschehen, gekürzt. Sie hat die deutschen Behörden und Dienststellen keineswegs beizeiten vorgewarnt und hinreichend mit Personal ausgestattet.

Infolgedessen gelangten nicht allein Asylberechtigte ins Land, sondern auch Armutsflüchtlinge und Glücksritter in so großer Zahl, dass sie bis heute nicht vollständig registriert werden konnten. In jenem September 2015 hat der deutsche Staat die Schutzfunktion für seine Bürger entweder nicht wahrnehmen wollen oder nicht können, was in jedem Fall ein folgenreiches Versagen gewesen ist. Und abermals muss man in Erinnerung rufen, dass unser Asylrecht ziemlich genaue Feststellungen trifft, wer darauf einen Anspruch hat. Unzweifelhaft hatten und haben nicht wenige der damals Eingereisten diesen Anspruch nicht. Sie jetzt zurückzuschicken, wirft gewaltige rechtliche und moralische Probleme auf.

Anstelle eines seinerzeit gebotenen vorausschauenden Handelns kam von Angela Merkel bloß der berühmte Satz: «Wir schaffen das!» Ihm war keineswegs zu entnehmen, dass die Öffnung der Grenzen als «Ausnahme» gedacht war. Er klang, als würde sie uns zurufen: «Fürchtet euch nicht, alles wird gut!» Und dann ging ein Foto von ihr um die Welt. Das Selfie, aufgenommen im September 2015 in einer Berliner Unterkunft, zeigt sie lächelnd und Wange an Wange mit einem Flüchtling. Wer jetzt noch daran zweifelte, dass hierzulande die Verfolgten und Entrechteten allesamt willkommen seien, dem war nicht zu helfen. Es kam hinzu, dass man sich von Experten der deutschen Wirtschaft sagen lassen musste, Deutschland sei ein hoffnungslos überaltertes Land und der Zustrom junger Kräfte höchst erwünscht. Die Frage allerdings, was eine Industrie, die ihre Arbeitsvorgänge zu automatisieren bestrebt ist, mit unausgebildeten Männern, und seien sie noch so kräftig, anfangen solle, wurde anfangs nur ganz leise beiseite gesprochen.

Mittlerweile sieht man das Elend derjenigen, die erfolglos einen Arbeitsplatz suchen oder die bloß geduldet sind und sich der Abschiebung zu entziehen trachten, deutlicher. Mittlerweile befinden wir uns im Jahr 2017, und wir haben erlebt, wie die Medien in seltsamem Gleichklang mit der Regierungspolitik unter dem Eindruck der Ereignisse, vor allem natürlich der diversen Terroranschläge, eine umgekehrte Springprozession veranstaltet haben: einen Schritt vor, zwei zurück. Die Wahrnehmung jedenfalls, die Politik sei nicht Gestalterin der Vorgänge, sondern ihr Opfer, hat sich seitdem dramatisch verstärkt und zwangsläufig dazu geführt, dass außerparlamentarisch-oppositionelle Bestrebungen Zulauf erhielten.

4

Islamkritik und Multikulturalismus – Die
unzulässige Gleichsetzung von Bibel und Koran –
Konflikt der Kulturen

I m Rückblick auf das verworrene Jahr 2015 fällt nicht
allein die heute wie verschwunden wirkende Willkommenskultur auf, sondern auch die von den Medien gepflegte
Vorstellung, es tue diesem Land nur gut, wenn es sich von
seiner selbstgefälligen Engstirnigkeit befreie und so weltoffen, so bunt wie möglich werde. Der damals von einigen
Kritikern vorgebrachte Hinweis, die Mehrzahl der Zuwan-
derer entstamme einer vormodernen, einer antisäkularen
Kultur, die mit der unsrigen kaum vereinbar sei, erschien
den Meinungsführern der Medien allein schon deshalb als
vollkommen abwegig, weil es die Pegida-Demonstranten gewesen waren, die der Furcht vor einer Islamisierung ebenso
aggressiv wie unbeholfen Ausdruck gegeben hatten. Man
hätte allerdings schon weit früher – und nicht erst seit dem
Anschlag auf das World Trade Center im September 2001 –
erkennen können, dass der Islam nicht bloß eine Variante
der monotheistischen Religionen ist, sondern, jedenfalls
in seiner heutigen kriegerischen Form, eine Gefahr für die
westliche Welt bedeutet.

Dass dies der Fall sein könnte, dämmerte einigen (nicht sehr vielen) am 14. Februar 1989, als der iranische schiitische Ayatollah Chomeini, der damals in seinem Pariser Exil auf die Machtübernahme wartete, zum Mord an dem indisch-britischen Schriftsteller Salman Rushdie aufrief. Die Fatwa richtete sich ebenso gegen jeden, der den inkriminierten Roman «Die satanischen Verse» übersetzte und verbreitete. 1991 wurde der italienische Übersetzer in seiner Wohnung überfallen, der japanische Übersetzer wurde ermordet und der norwegische Verleger durch Schüsse verletzt. Dem Verlag Kiepenheuer & Witsch, der den Roman auf Deutsch publizieren wollte, erklärte das zuständige Landeskriminalamt, das Kölner Verlagsgebäude könne nicht geschützt werden. Daraufhin wurde von mehreren Verlegern der «Artikel 19 Verlag» gegründet, der die «Satanischen Verse», herausgegeben von mehr als hundert Personen, darunter auch ich, im Herbst 1989 veröffentlichte.

Das Recht allerdings, einen von manchen Muslimen als blasphemisch empfundenen Roman zu schreiben und zu publizieren, wurde selbst in der westlichen Welt nicht von allen anerkannt. Als die Orientalistin Annemarie Schimmel 1995 den Friedenspreis des Deutschen Buchhandels erhielt, wurde sie in den «Tagesthemen» zum Fall Rushdie befragt, und sie erklärte: «Eine Morddrohung ist natürlich immer etwas Grässliches. Aber ich glaube, auch hier ist vieles überzogen. Wenn man die Mentalität kennt. Ich habe gesehen, wie erwachsene Männer geweint haben, als sie erfahren haben, was in den ‹Satanischen Versen› steht. Und das ist auch meiner Meinung nach eine üble Art, die Gefühle einer großen Menge von Gläubigen zu verletzen. Das kann ich auch nicht schätzen.»[33] Zuvor hatte der englische Schriftsteller Richard Webster sein Buch «Erben des Hasses» (1992) veröffentlicht, wo er behauptete, in dem neuen Streit sei der alte Krieg zwischen Christentum und Islam wieder ausgebrochen. Zwei Fundamentalismen stünden einander gegenüber, der Fundamentalismus einer theokratischen Gläubigkeit im Islam gegen den Fundamentalismus der Meinungsfreiheit im Westen, der sich rational gebe, in Wahrheit aber ein Religionsersatz sei.

Der Konservative wird einräumen, dass Blasphemie, der Angriff auf das Heilige, immer eine ungute Sache ist. Zwar liegt der Einwand nahe, dass Jesus oder Mohammed nicht beleidigt werden können, weil sie über derlei Menschengemeinheit erhaben sind, doch wird jeder Gläubige einen Angriff auf seinen Gott in mehr oder minder starker Weise als einen Angriff auf sich selbst empfinden. Ich erinnere mich an die Empörung, die Martin Scorsese 1988 mit seinem Film «Die letzte Versuchung Christi» hervorgerufen hat. Dort wird ein Jesus gezeigt, der seiner Berufung unsicher ist und jenem Zweifel unterliegt, der sich in den bei Markus und Matthäus überlieferten Worten äußert: «Mein Gott, mein Gott, warum hast du mich verlassen?» Bei Scorsese steigt Jesus vom Kreuz herab und gründet mit Maria Magdalena eine Familie. Zwar enthüllt sich diese Fahnenflucht am Ende des Films als ein Traum, eben als letzte Versuchung, der Jesus dann doch nicht nachgibt, aber die Bilder des liebenden Jesus mit seinen irdischen Begierden erregten damals einen Zorn, der in einem Brandanschlag auf ein französisches Kino gipfelte. Man sieht daran, dass gewalttätige Reaktionen auf Blasphemien keineswegs auf Muslime beschränkt sind. Allerdings ist dies eine Ausnahme geblieben. Christen wissen heute in der Regel das hohe Gut der Meinungs- und Kunstfreiheit zu schätzen, und sie nehmen blasphemische Entgleisungen als deren Schattenseiten hin. Das hat mit Gleichgültigkeit nicht unbedingt etwas zu tun, sondern vor allem mit der Fähigkeit, zwischen unterschiedlichen Sphären zu unterscheiden, zwischen der Sphäre des persönlichen Glaubens und der des Öffentlichen.

Diese Erfahrung und die damit gegebenen Fähigkeiten scheinen Muslimen allzu oft nicht gegeben. Heute weiß man, dass Chomeinis Mordaufruf nur der Vorbote eines neuen heiligen Krieges war, der bis nach New York, Madrid, London, Paris, Brüssel, Nizza und Berlin vorgedrungen ist, eines Krieges, der zahllose Todesopfer gefordert und einen anhaltenden Schrecken verbreitet hat und immer mehr verbreitet. Heute ist die Zahl derer, die regelmäßig behaupten, die Anschläge hätten mit dem Islam überhaupt nichts zu tun, sie würden lediglich von irregeleiteten Fanatikern verübt, die sich zu Unrecht auf den Koran beriefen, geringer geworden. Ebenfalls ist die Kritik der Islamkritik, die bis vor kurzem jeden Verteidiger westlicher Werte mit dem Vorwurf der Islamophobie, einer gehobenen Variante der Ausländerfeindlichkeit, ereilte, kleinlaut geworden. Das bedeutet keineswegs, dass die Multikulturalisten aufgegeben hätten. In den Parteien und den tonangebenden Medien sind sie weiter fleißig am Werk. Sie neigen zum freundlichen Verstehen muslimischer Empfindlichkeiten und zu reumütiger Selbstkritik abendländischer Geschichte, für die ja sie eigentlich nichts können – so wie ja auch die heutigen Muslime für die Eroberungskriege Mohammeds und seiner Nachfahren nichts können. Mit dem Unterschied freilich, dass aus der schlussendlichen Niederlage der muslimischen Kultur für ihre kriegerischen Verteidiger die Aufgabe folgt, sie endlich in einen Sieg umzuwandeln.

Die Kulturrelativisten folgen, um es auf den fundamentalen Punkt zu bringen, einer vereinfachten Version der Lessing'schen Ringparabel: Die Sonne der Aufklärung strahlt in der Mitte, und die Trabanten der monotheistischen Religionen umkreisen sie in ähnlichem Abstand. Dass der Islam von dieser Sonne etwas weiter entfernt ist, führt sie zu der Forderung, er möge rasch die Aufklärung nachholen. Unausgesprochen hegen sie den Gedanken, ein aufgeklärter Islam würde ähnlich weich und kompatibel werden wie das in seine Bequemlichkeit verliebte deutsche Christentum, das den Kern der Botschaft seinen Bedürfnissen längst angepasst hat. Allerdings können auch die Kulturrelativisten die hässliche Seite des Islams nicht leugnen, und deshalb beeilen sie sich, sobald sie unübersehbar wird, die hässliche Seite des Christentums hervorzuheben, dergestalt, als wollte man jemanden, der über seinen grippalen Infekt klagt, damit trösten, dass man von dem eigenen, erst unlängst überstandenen erzählt. Die islamischen Eroberungskriege, die keinen Ungläubigen am Leben ließen – waren die Kreuzzüge viel besser? Der intellektuelle und wissenschaftliche Rückstand des Islam – verdankt die abendländische Kultur ihre Entstehung nicht auch jenen Muslimen, die das griechische Denken (Aristoteles!) ins verkümmerte Europa gebracht haben? Der Terror der Islamisten gegen die eigenen Glaubensbrüder – erlebten die Christen in Zeiten der Inquisition nicht ähnlich Furchtbares?

Kaum eine dieser Erzählungen hält strenger historischer Überprüfung stand. Sie bestätigen allerdings die größte Tugend abendländischer Kultur: ihre Fähigkeit zur Selbstkritik, ihre geradezu leidenschaftliche Zerknirschungslust im Namen einer größeren Idee, des wahren Christentums zunächst und später der wahren Aufklärung. Nur so war

Europa imstande, Anregungen fremder Kulturen mit räube-
rischer Inbrunst aufzugreifen und für den eigenen Aufstieg
zu nutzen. Die Verneigung vor dem Orient geht zurück auf
das 18. Jahrhundert, als sich die Kritik an der antiaufkläre-
rischen Kirche aus dem Gegenbild eines grandiosen und
toleranten Islams speiste, und sie fand im 19. Jahrhundert
ihren vorläufigen Höhepunkt. Man erinnere sich an die Ori-
ent-Mode in Malerei und Kunsthandwerk, an die Märchen
(etwa Wilhelm Hauffs «Kalif Storch») oder an Goethes «West-
östlichen Divan». Goethe jedoch war nüchtern genug, um
zu erkennen, dass die Kreuzzüge dazu beigetragen haben,
die abendländische Kultur gegen die muslimischen Feld-
züge zu verteidigen: «Indessen bleiben wir allen aufgeregten
Wall- und Kreuzfahrern zu Dank verpflichtet, da wir ihrem
religiösen Enthusiasmus, ihrem kräftigen, unermüdlichen
Widerstreit gegen östliches Zudringen doch eigentlich Be-
schützung und Erhaltung der gebildeten europäischen Zustände schuldig geworden.»[34] Der Kosmopolit Goethe war
kein Kulturrelativist. Einer Kirche gehörte er nicht an, aber
er wusste die «gebildeten europäischen Zustände», deren
wir uns allmählich wieder bewusst werden sollten, durchaus zu schätzen.

Im Streit über den Zusammenhang von Monotheismus und
Gewalt weisen die Kulturrelativisten gerne auf die kriegerischen Aussagen im Alten Testament hin. Davon gibt es in der
Tat nicht wenige, doch sind sie in der Regel nichts anderes
als die mythische Überhöhung jenes göttlichen Beistandes,
der es – jüdischer Überzeugung zufolge – dem Volk Israels
in einer konkreten historischen Situation ermöglicht hat,
den eigenen Monotheismus gegen feindliche Polytheismen
zu verteidigen. Neben den Aufrufen zur Vernichtung des
Feindes findet man auch ganz andere gegensätzliche. Ich

erwähne nur das 3. Buch Mose (Levitikus), wo sich (19,18) der berühmte Vers findet: «Du sollst deinen Nächsten lieben wie dich selbst. Ich bin der Herr.» Jedenfalls sind die kriegerischen Geschichtsbücher des Alten Testaments Zeugnisse einer historischen Situation, die von Drangsal und Verfolgung bestimmt war. Das Alte Testament begründete keine über den konkreten Anlass hinaus gültige Handlungsanweisung zur Ermordung von Andersgläubigen und das Neue Testament erst recht nicht. Dass Christen gegen das Liebesgebot oftmals eklatant verstoßen haben, ist unbestreitbar. Es gehört zu den finsteren Seiten des christlichen Abendlandes.

Zugleich liegt die besondere Stärke des Christentums darin, dass es sich – anders als der Islam – nicht auf einen einzigen grundgesetzlichen Text beruft, sondern auf eine Vielzahl höchst unterschiedlicher Texte. Sie geben keine strikte Linie vor, sie eröffnen einen Raum des suchenden Verstehens, der im Verlauf der Kirchengeschichte immer wieder bis an den Rand des Zuträglichen erkundet wurde. Niemals jedoch gab es die Vorstellung, Gott belohne einen Selbstmordattentäter, der Ungläubige umbringe. Die christlichen Märtyrer wurden dafür verehrt, dass sie ihrem Glauben treu blieben, nicht dafür, dass sie andere mit in den Tod gerissen hätten. Wenn man die machtpolitischen Entgleisungen der Christenheit dagegenhält, so gibt es keinen Zweifel daran, dass sie der Lehre zutiefst widersprechen. Die Christen selbst haben sich immer wieder dagegen empört, und die furchtbaren Missionierungskriege haben eine harsche innerchristliche Kritik erfahren. Berühmtes Beispiel dafür ist der Bischof Bartolomé de Las Casas, der seine Stimme gegen den Völkermord an den Indios erhoben hat, was man in Reinhold Schneiders großer Erzählung «Las Casas vor Karl V.» (1938) nachlesen kann.

Den Kulturrelativisten erschien die muslimische Einwanderung nach Westeuropa eine Weile lang als belebendes, die hiesigen Verhältnisse angenehm aufmischendes Element. Multikulturelle Welt! Endlich Schluss mit dem dumpfen Teutonentum! Dass dies ein Irrtum war, dringt allmählich sogar in die Köpfe der Appeasement-Ideologen. Wer vor einer Islamisierung warnen und nicht islamophob oder gar rassistisch genannt werden möchte, tut gut daran, Michel Houellebecq zu heißen, der in seinem ebenso scharfsinnigen wie prophetischen Roman «Die Unterwerfung» das satirische Schreckensbild eines christlichen Abendlandes entworfen hat, das an sich selber längst nicht mehr glaubt und sich einer neuen theokratischen Ordnung willfährig fügt. Er kann auch Alain Finkielkraut heißen. Der französische Intellektuelle hat in einem Gespräch mit der «Zeit» gesagt, die Deutschen lebten in einem imaginären Europa des ewigen Friedens. «Aber wie schon der französische Philosoph Julien Freund, der Mitglied der Résistance war, gesagt hat: Nicht wir bestimmen unseren Feind. Es ist der Feind, der uns bestimmt.» Und dieser Feind, so Finkielkraut, sei der radikale Islam im eigenen Land.[35] Man muss zum Verständnis hinzufügen, dass die französische Erfahrung mit muslimischen Bürgern – ein Resultat der Kolonialzeit – erheblich älter ist als die deutsche, und diese Erfahrung ist insofern lehrreich, als die zuständigen Administrationen es keineswegs versäumt haben, den Immigranten mit sozialen Hilfen und kulturellen Angeboten (Schulen, Bibliotheken etc.) beiseitezustehen. Das Ergebnis ist, wie man weiß, desaströs.

Deshalb ist eine willenlose, die eigene Tradition missachtende Nachgiebigkeit zum Scheitern verurteilt. Entweder wir berufen uns auf unser Herkommen (das, ob man will oder nicht, abendländisch ist), oder wir folgen einem Kul-

turrelativismus, dessen einziges Credo ein Anpassungsden-
ken ist, wie wir es von jenem global agierenden Kapitalismus
kennen, dem alles gleich gültig ist, sofern nur profitabel.
Dieser Zynismus wird uns nicht retten. Die Vorstellung, die
monotheistischen Religionen seien einander im Wesentli-
chen ähnlich, es empfehle sich also, von beiden Missgebur-
ten Abstand zu halten, führt in die Irre. Es ist kein geringer
Unterschied, dass die eine Religion von einem gekreuzigten Wanderprediger gegründet wurde und die andere von
einem kriegführenden Kaufmann.

Nein, die Christen sind nicht die besseren Menschen. Sie
haben die Botschaft des Jesus von Nazareth oftmals aufs
schlimmste verletzt, und sie tun das bis heute. Warum? Hat
der Großinquisitor in Dostojewskis berühmter Legende aus
den «Brüdern Karamasow» recht, der Jesus vorwirft, er habe
nicht erkannt, wie schwach der Mensch sei und wie schwer
es ihm falle, dem Liebesgebot zu folgen? Jedenfalls steht
fest, dass der Anspruch, den die Evangelien verkünden, die
meisten Menschen überfordert. Zugleich jedoch bieten sie
einen einzigartigen Trost. Der Opfertod Jesu ist revolutionär,
weil er das Prinzip der Vergeltung aufhebt. Anstatt andere
für die eigenen Interessen zu opfern, was unter Menschen
nicht selten ist, opfert sich der Gottessohn im Interesse der
Menschen, um dem ewigen Zyklus der Gewalt ein Ende zu
machen. Diese Theologie ist so groß, dass ich sie kaum zu
fassen vermag. In ihrem Licht erscheinen die von Christen
begangenen Untaten als besonders verwerflich. Und deshalb hat es auch keinen Sinn, die Bibel gegen den Koran in
Stellung zu bringen und einen interpretatorischen Wettkampf um das Ausmaß der Friedfertigkeit zu beginnen. Wie
der Koran zu interpretieren sei, dies zu entscheiden ist letztlich Sache der Muslime. Eine Versöhnung mit dem radikalen

Islam ist nicht möglich, eine Versöhnung mit den moderaten Muslimen nicht notwendig. Denn diese leben hier, sind Bürger des Landes, und ihre religiösen Überzeugungen sind Privatsache, solange sie sich den Gesetzen fügen und den hiesigen Umgangsformen nicht gröblich widersprechen. Zu diesen Umgangsformen gehören auch die Rechte der Frau. Und so wie sich das Frauenbild des Christentums allmählich gewandelt hat, so wird sich auch das Frauenbild des Islams wandeln müssen. Dass die Aussichten dafür gut sind, bezweifle ich.

Benedikt XVI. hat in seiner Regensburger Rede (2006) auf den engen Zusammenhang von griechischer Philosophie und christlichem Glauben aufmerksam gemacht und darauf hingewiesen, «dass das Christentum trotz seines Ursprungs und wichtiger Entfaltungen im Orient schließlich seine geschichtlich entscheidende Prägung in Europa gefunden hat. Wir können auch umgekehrt sagen: Diese Begegnung, zu der dann noch das Erbe Roms hinzutritt, hat Europa geschaffen und bleibt die Grundlage dessen, was man mit Recht Europa nennen kann.»[36] Wenn diese Beschreibung zutrifft – und davon bin ich überzeugt –, so bedeutet es, dass die Differenz zwischen Orient und Okzident nicht historisch erledigt und längst überholt ist, sondern noch immer, und leider immer stärker, ihre Wirkung entfaltet.

Der amerikanische Politologe Benjamin R. Barber hat schon 1995 in seinem Werk «Jihad vs. McWorld» den Konflikt zwischen beiden Kulturen vorausgesehen. Die Geschichte, so lautet sein erster Satz, sei keineswegs zu Ende, und damit wendet er sich gegen das drei Jahre zuvor erschienene Buch von Francis Fukuyama «Das Ende der Geschichte», wo dieser behauptet hatte, die Zeit der großen Ideologien sei vorüber.

Nein, sagt Barber, wir seien im Gegenteil aufs Neue an den ewigen Gegensatz von Rasse und Seele («race and soul») gefesselt, wie William Butler Yeats ihn bezeichnet habe: die Idee der Rasse, die auf alte Stammesgeschichten zurückgehe, und die Idee der Seele, die eine kosmopolitische Zukunft anziele.[37] Und Barber übersetzt diese Opposition in die metaphorischen Begriffe, die den Titel seines Buchs ausmachen: «Jihad» (ich fasse den Gedanken in meinen Worten zusammen) bezeichnet die Rückkehr zur archaischen Kultur religiös oder ideologisch homogener Gesellschaften, während «McWorld» eine Weltgesellschaft meint, die aber nicht auf freiwilligem Zusammenschluss beruht, sondern auf der Macht der global operierenden Konzerne.

Benjamin Barber beschrieb den dramatischen Konflikt zwischen «alter» und «neuer» Welt, als die Schatten der islamistischen Gewalt noch nicht in derselben Weise sichtbar waren wie heute. Ich will auf die zahlreichen Versuche, diese neue Verschärfung eines letztlich alten Konflikts begrifflich zu fassen, nicht näher eingehen (darunter Samuel Huntingtons Studie «The Clash of Civilizations and the Remaking of World Order» von 1996), sondern zu der Frage nach dem Eigenen und dem Fremden zurückkehren. Die historische Erfahrung zeigt: Wer sich des Eigenen sicher ist, muss es nicht näher bestimmen, er kann selbstbewusst auf das Nicht-Eigene und Fremde zugehen.

Doch die Zeiten sind nicht danach. Das Eigene ist fraglich geworden, und was einst normal war, ist es längst nicht mehr. Es heißt im konkreten Fall, dass die Ansiedelung einer gewaltigen Zahl von Migranten aus dem muslimischen Kulturkreis kein geringes Risiko bedeutet. Die Zuwanderung infolge der Flüchtlingswelle des Jahres 2015 sowie der folgenden Jahre wird das Problem verschärfen. Ob es gelöst werden wird, können wir jetzt noch nicht wissen. Unsere Nachkommen werden es erleben. Und sie werden gezwungen sein, sich des Eigenen erneut zu vergewissern, also dessen, woher sie kommen und wofür sie stehen.

Ich bin davon überzeugt, dass sich der multikulturalistische Traum vom Weltbürger, dem nichts fremd und der überall zu Hause wäre, nicht so bald erfüllen wird. «Erstens: Erkenne die Lage. Zweitens: Rechne mit deinen Defekten, gehe von deinen Beständen aus, nicht von deinen Parolen», hat Gottfried Benn gesagt[38]. Mir scheint, dieser Ratschlag sollte jenen zu denken geben, die allzeit bereit sind, den deutschen Stammtisch eines Besseren zu belehren. Woher eigentlich stammt die Verachtung des Stammtischs? Es sollte klar sein, dass dieser Stammtisch nicht allein in den Bierkneipen steht, «wo die sitzen, die immer hier sitzen», sondern auch in den Zentralen der etablierten Parteien samt angeschlossener Bar.

5

Die Ideologie der Machbarkeit – Die ersten und die
letzten Dinge: Sterbehilfe und Reproduktionsmedizin –
Die Revolte gegen die Genealogie

D er Konservatismus, den ich meine, ist von Behutsam-
keit und Selbstbeschränkung bestimmt. Ich glaube,
dass der Mensch nicht gut daran täte, Gott sein zu wollen.
Ich glaube nicht an die Verheißungen der post- oder trans-
humanistischen Ideologien. Voller Misstrauen beobachte
ich die biomedizinischen Experimente. Die Fortschritte, die
sie augenscheinlich machen, sind kein Fortschritt, sondern
sie entfremden uns den natürlichen Grundlagen unseres
Daseins.

Nun ist die Frage, was denn zur Natur des Menschen gehöre,
durchaus strittig, sie unterliegt dem historischen Wandel,
und es ist wahr, dass wir heute anders darüber denken als unsere Vorfahren. Wir halten es zum Beispiel für unsere Pflicht,
das Leiden und Sterben der Nächsten nicht als Schicksal hinzunehmen, sondern es mit den Mitteln, die uns in
wachsendem Ausmaß zur Verfügung stehen, zu lindern, zu
bekämpfen. An die Stelle des «therapeutischen Nihilismus»,
den der amerikanische Historiker William M. Johnston in

der österreichischen Geistesgeschichte des 19. Jahrhunderts beobachtet und beschrieben hat[40], ist heute ein therapeutischer Interventionismus getreten, der einer immanenten Logik folgt und dazu neigt, die Grenzen des ethisch Vertretbaren ständig zu erweitern.

Die immerzu wiederkehrende Debatte über die Sterbehilfe zeigt das Problem. Infolge der besseren Lebensbedingungen und eben auch der gesteigerten medizinischen Möglichkeiten hat die Lebenserwartung zugenommen. Die Frage, wie und ob man Schwerkranken ihren möglicherweise geäußerten Sterbewunsch erfüllen soll, wird immer dringlicher. Dabei ist klar, dass allein der Wunsch des Patienten gelten darf und nicht etwa der etwelcher Angehörigen. Gibt der Kranke deutlich zu verstehen, dass er sterben will, so handelt es sich um einen Suizid, den er aus eigenen Kräften nicht vollziehen kann. Der Arzt, der ihm das tödliche Getränk auf den Nachttisch stellt, kommt in einen Konflikt: Zwar begeht er keine Straftat, denn Suizid ist nicht verboten und somit nach herrschender Rechtsauffassung auch die Beihilfe nicht – unter der Bedingung freilich, dass der Kranke sich die letale Dosis selber zuführe. Wenn der Arzt sie ihm reicht, verstößt er gegen standesrechtliche Bestimmungen, die in manchen Bundesländern gelten, in anderen, etwa in Bayern, nicht.

Diese unklare Rechtslage zu klären ist Ziel der Befürworter einer erleichterten Sterbehilfe. Doch sollte man sich nichts vormachen: Klarheit kann es deshalb nicht geben, weil die Erfahrung des Todes nicht mitteilbar ist. Wir Lebenden wissen nichts über die Wahrheit der letzten Sekunde. Der unwiderrufliche Schritt auf die andere Seite entzieht sich einer saubereren rechtsförmigen Regelung.

Die Freunde einer erleichterten Sterbehilfe argumentieren mit dem Recht auf Selbstbestimmung. Worin aber besteht die Autonomie eines von Schmerzen und Ängsten gepeinigten Kranken? Der vielleicht (und solche Fälle gibt es nicht selten) wie durch ein Wunder gesundet? Und geriete er nicht, wenn eine Liberalisierung den assistierten Suizid oder gar die Tötung auf Verlangen zur selbstverständlichen Option machte, unter den Druck einer Erwartung – der eigenen oder jener der Angehörigen? Würde er sich nicht fragen müssen: Darf ich mein prekäres, hilfsbedürftiges, offenbar moribundes Dasein den Mitmenschen (den Ärzten, den Erben) noch länger zumuten? Und daraus folgt die allgemeinere Frage: Verwirklicht der Mensch im Suizid seine Freiheit – oder verwirkt er sie nicht für immer?

Das Wort Selbstmord ist verpönt, lieber spricht man von Freitod und verneigt sich vor jenen, die ihn wählen. Der Suizid namhafter Zeitgenossen findet öffentlichen Beifall, man nennt sie gerne tapfer oder mutig. Der Konservative wird sich dem nicht anschließen können. Eher findet er bei dem Schriftsteller Reinhold Schneider Beistand, der in seiner 1947 erschienenen Schrift «Über den Selbstmord» gesagt hat: «Der Selbstmord – scheinbar das persönlichste, nur gegen das Ich gerichtete Vergehen – ist in Wahrheit nicht auf das Ich beschränkt. Alles Leben ist eins; der sein eigenes Leben nicht achtet, verletzt das Leben überhaupt und empört sich gegen Den, der alles Leben gegeben hat. Der Selbstmörder trägt etwas Entsetzliches in die Welt, etwas, das nicht in ihr sein soll und das ihre Ordnung bedroht. Der einzelne Lebende hat nicht das Recht, auch nicht um den Preis seines Blutes, die Bindung aufzuheben, die alles Leben eint. Seine Haltung, sein Denken haben etwas Zerrüttendes. Niemand wird schuldig an sich allein, weder in diesem noch in irgendeinem anderen Sinne. Denn das Gesetz der Ordnung, der Erhaltung, Verwaltung ist Allen gegeben: darum frevelt ein jeder, der dieses Gesetz verletzt, an Allen.»[41] Es liegt auf der Hand, dass die Position des Katholiken Schneider nicht allen gegenwärtigen Christen schmeckt, ganz zu schweigen von den Nichtchristen. Aber ich rede ja nicht von üblichen konsensfähigen Überzeugungen, sondern von jenen konservativen, die Gehör verdienen.

Unzweifelhaft ist die Frage nach den letzten Dingen die allerschwierigste, und vermutlich haben die Entscheidungen, die hier zu treffen sind, ebenso viel mit Wissen wie mit Glauben zu tun. Dies nun gilt für die Frage nach den ersten Dingen, also für Zeugung und Geburt, nicht in derselben Weise. Hier ist die Frage, was denn «natürlich» sei, leichter zu beantworten. Zu dem «Natürlichen», dass nämlich Mann und Frau ein Kind zeugen, gesellt sich das «Kultürliche», was nicht allein in unseren Breiten Ehe und Familie bedeutet. So hat es ja offensichtlich auch das Grundgesetz gemeint, das in Artikel 6, Absatz 1 feststellt: «Ehe und Familie stehen unter dem besonderen Schutze der staatlichen Ordnung», und in Absatz 2 hinzufügt: «Pflege und Erziehung der Kinder sind das natürliche Recht der Eltern und die zuvörderst ihnen obliegende Pflicht.» Es fällt auf, dass die Grundgesetzväter (es waren in der Tat weitgehend Väter, unter den 65 Mitgliedern des Parlamentarischen Rates befanden sich lediglich vier Frauen) ganz selbstverständlich den Begriff des «natürlichen Rechts» verwenden. Es kam ihnen nicht in den Sinn, die Familiengründung von Gleichgeschlechtlichen als einen Fall «natürlichen Rechts» zu betrachten. Eben die Bedeutung der Nachkommenschaft ist es ja, die den Staat fast überall dazu veranlasst, die Ehe nicht allein mittels unterschiedlicher Maßnahmen zu fördern, sondern auch die Eheschließung als hoheitlichen Akt zu betrachten, für dessen Ablauf und Eintragung Standesbeamte zuständig sind. Der Staat müsste auf diese Formalitäten keinen Wert legen, wären sie für das Fortbestehen der Gesellschaft nicht essentiell. Nun liegt der Gedanke nahe, dass sich in den fast siebzig Jahren seit der Verabschiedung des Grundgesetzes die moralischen Vorstellungen mehrheitlich derart verändert hätten, dass die traditionelle Definition von Ehe und Familie geöffnet werden müsse.

Ist der Einwand triftig? In den Augen eines Konservativen bleibt die Frage mit etwas Ungeklärtem verbunden. Zwar begrüße ich die weitgehende, jedenfalls rechtsförmige Akzeptanz gleichgeschlechtlicher Lebensformen, und ich begrüße es, dass sie in der Mitte der Gesellschaft in der Regel als selbstverständlich angesehen werden – wobei bekannt ist, dass etwa die muslimischen Einwanderer zumeist anders darüber denken. Auch will ich das Recht aller Menschen, egal welch sexueller Präferenz, sich einander in förmlicher Weise zu verbinden, nicht bestreiten. Es ist gut, Rechtsformen wählen zu können, die eine dauerhafte tiefe Verbundenheit ausdrücken, die Fragen der Fürsorge im Notfall regeln und die das Erb- und Steuerrecht ähnlich gestalten wie in der traditionellen Ehe. Dass auch homosexuelle Paare solche Vorzüge in Anspruch nehmen können, bedeutet einen zivilisatorischen Fortschritt.

Unabhängig davon aber bleibt auch im alltäglichen Verständnis die Hochzeit ein großes Ereignis, das meiner Beobachtung nach derzeit aufwendiger und feierlicher begangen wird als noch vor Jahren. Dass die Hochzeit (der auch wieder öfter eine mehr oder minder förmliche Verlobung vorausgeht) eine solche Bedeutung zurückgewonnen hat, hängt zweifellos mit der stillen Verheißung zusammen, es würden Kinder daraus hervorgehen. Diese Hoffnung muss einer alternden, zusehends fragmentierten Gesellschaft in besonderer und vielleicht auch sentimentaler Weise entgegenkommen. Die Tatsache jedenfalls, dass diese ehrwürdige Idee in der Vergangenheit oft genug verletzt worden ist, dass ihre Überzeugungskraft in der jüngeren Geschichte nachgelassen hat, bedeutet keinen Einwand gegen sie. Ideen haben es an sich, dass sie selten in reiner Form realisiert werden.

Ihre besondere Bedeutung gewinnt die Ehe dadurch, dass sie mit dem Gedanken der Familie verbunden ist. Und Familie heißt Nachkommenschaft, Erziehung, Traditionsbildung. Auch hier wieder ist einzuräumen, dass diese Vorstellung in den Augen vieler Zeitgenossen fraglich geworden ist. Ehescheidungen, Patchwork-Familien und Alleinerziehende sind keineswegs mehr die Ausnahme. Und doch sehe ich, wie die jüngere Generation diesem Ideal unentmutigt nachstrebt. Es mag eine Minderheit sein, die mir vor Augen steht, aber es gibt sie. Und ihre Sehnsüchte sind ein Zeichen dafür, dass die Macht des Faktischen fortwirkende Traditionsbilder nicht gänzlich zu zerstören vermag.

Die Ehe bedeutet einen aus dem weiten Feld möglicher Selbstverwirklichungen herausgehobenen Stand. Was nun spräche dagegen, dieses Prädikat auch gleichgeschlechtlichen Partnern zuzubilligen, einschließlich eines Adoptionsrechts, das dem der heterosexuellen Paare gleichkommt? Es spricht nichts dagegen außer einem Gefühl. Dieses Gefühl sagt mir, dass es nicht gut wäre, eine Institution, die seit Menschengedenken für die rechtsförmige Verbindung von Mann und Frau und für die Legitimierung ihrer Nachkommen gedacht war und immer noch ist, dadurch zu öffnen, dass man eine «Ehe für alle» ermöglicht.

Und gleichzeitig sehe ich ein, dass der Hinweis auf Tradition und Herkommen kein starkes Argument ist. Traditionen ändern sich, und zuweilen muss man ihnen widersprechen. So mag es also sein, dass die Öffnung der klassischen Ehe unvermeidlich und sinnvoll ist. Und sicherlich hat es auch mit meiner katholischen Erziehung zu tun, dass ich damit meine Probleme habe. Doch zählen diese Probleme möglicherweise weniger als der Wunsch homosexueller Paare, ebensolche Rechte zu haben wie heterosexuelle.

Zu den Anhängern einer «Ehe für alle» zählen übrigens auch die Verfechter der «Polyamorie», einer angeblich neuen Form der freien Liebe, die sexuelle Autonomie erstrebt. Die Polyamoristen verlangen die Legalisierung der Mehrfachehe (der simultanen wohlgemerkt), wobei ich mich frage, warum alle immerzu gleich heiraten wollen. Als wäre die Ehe ein Bonus, den man sich nicht entgehen lassen sollte.

Ein anderer Einwand gegen das Monopol der klassischen Ehe allerdings liegt auf der Hand: dass sich nämlich der Gedanke der Nachkommenschaft von seinen altertümlich biologischen Voraussetzungen längst befreit habe. Die Vorstellung, dass Zuneigung, Sexualität und Zeugung miteinander notwendig zusammenhingen, sei ebenso obsolet wie der Gedanke, nur auf herkömmlichem Weg zur Welt gebrachte Nachkommen seien akzeptabel. In der Tat ermöglichen moderne Reproduktionstechniken nahezu alle denkbaren und auch undenkbaren Variationen. Nicht allein der Fluch der Unfruchtbarkeit, der kinderlose Paare heimsuchen kann und der in früherer Zeit zu magischen Praktiken führte, deren Echo noch in den Märchen nachzulesen ist, verliert an Bedeutung. Auch die biologisch nicht vorgesehene Fortpflanzung gleichgeschlechtlicher Partner ist längst machbar geworden. Was nichts anderes bedeutet als einen weiteren Schritt auf dem Weg der Abtrennung des Menschen von seiner kreatürlichen Basis. Die Nutznießer dieses Fortschritts werden ihn zweifellos begrüßen, doch ob er dem Gemeinwohl dient, ist fraglich. Der Konservative jedenfalls wird daran zweifeln. Er findet es nach wie vor wünschenswert, dass Kinder einen Vater und eine Mutter haben.

Erst allmählich begreifen wir die Revolution, die uns durch die fortgeschrittene und immer weiter fortschreitende Reproduktionsmedizin blüht. Sie kann Menschen machen. Das hat zwei Folgen, deren Tragweite noch nicht hinreichend bedacht worden ist. Die erste Folge ist die Eugenik. Die Welt des Machens unterliegt dem Gesetz der Steigerung und der Verbesserung. Wer Menschen macht, will sie optimal machen. Die zweite Folge ist die Multiplizierung und somit die Aufhebung konventioneller Abstammung. Ahnentafeln, wie wir sie aus Geschichtsbüchern kennen, wird es für künftige Geschlechter nicht mehr geben, weil es das Abstammungssystem «Geschlecht» nicht mehr geben wird. Allein in Deutschland entstehen auf künstlichem Weg pro Jahr etwa zehntausend Kinder, deren biologische Herkunft allzu oft nicht klar ist. Die genealogische Ordnung, die eine kulturelle Leistung ersten Ranges darstellt, scheint an ihr Ende gekommen.

In seinem gründlichen, wenngleich von einem schlichten Fortschrittsoptimismus erfüllten Buch «Kinder machen»[43] schildert der Wissenschaftsjournalist Andreas Bernard die Arbeitsweise der Samenbanken. Natürlich möchte man gute

Spermien. Man wählt aus der erstaunlich großen Menge der Spendewilligen diejenigen aus, die gut aussehen, groß sind, zumeist ethnisch weiß und die einen seriösen, möglichst akademischen Hintergrund haben. Liest man Bernards Darstellung, so wundert man sich über die Hemdsärmeligkeit vieler Reproduktionsmediziner. Jedenfalls herrschte sie zu Beginn, als man froh war, die In-vitro-Fertilisation (IVF) halbwegs im Griff zu haben. Noch ist man nicht so weit, die Qualität des einzelnen Spermiums genau bestimmen zu können. Es kann passieren, dass der potent wirkende Samen eines Nobelpreiskandidaten zufällig ein dummer Samen ist. Die erwartbare Qualität beruht lediglich auf einer statistischen Wahrscheinlichkeit. Man kann jedoch sicher sein, dass die Technik weiter voranschreitet. Die Selektion, die bei der Züchtung von Rennpferden oder Milchkühen schöne Erfolge zeitigt, wird vermutlich auch beim Menschen gelingen.

In seiner sogenannten Elmauer Rede (1999) hat der Philosoph Peter Sloterdijk gesagt: «... ob eine künftige Anthropotechnologie bis zu einer expliziten Merkmalsplanung vordringt; ob die Menschheit gattungsweit eine Umstellung vom Geburtenfatalismus zur optionalen Geburt und zur pränatalen Selektion wird vollziehen können – dies sind Fragen, in denen sich, wie auch immer verschwommen und nicht geheuer, der evolutionäre Horizont vor uns zu lichten beginnt.»[44] Diese Bemerkung hat seinerzeit viel Aufsehen erregt und eine größere Debatte hervorgerufen, weil viele glaubten, Sloterdijk fordere eine solche «Anthropotechnik», er plädiere für eine höhere Zuchtwahl, was aber nicht vollkommen klar wurde. Sloterdijk, der als Rastelli der Begriffe und Referenzen auftritt, liebt die Argumentation aus dem Gegenteil und lässt seine eigene Position gerne offen. Jedenfalls hat er die neuen Möglichkeiten – sei es kritisch, sei es beifällig – ins Auge gefasst.

Inzwischen sind wir weiter vorangeschritten. Im Herbst 2016 wurde bekannt, dass es japanischen Biologen gelungen sei, befruchtungsfähige weibliche Eizellen aus gewöhnlichem Bindegewebe herzustellen. Die «Süddeutsche Zeitung» schrieb, in Zukunft würden Frauen von ihrer natürlichen Fruchtbarkeit unabhängig, und gleichgeschlechtliche Paare könnten genetisch eigene Kinder zeugen.[45] Das Blatt befragte dazu den evangelischen Theologen Peter Dabrock, den Vorsitzenden des Deutschen Ethikrates. Er sagte, wenn zwei Menschen versuchten, bedingungslos zueinander zu stehen, und diese Liebe an ein Kind weitergeben wollten, dann sei auch Gott als Inbegriff der Liebe anwesend. Und er schloss mit dem alles offenlassenden Fazit: «Über die Art und Weise, auf die diese Liebe dann zur Zeugung eines Kindes führt, muss man nicht an erster Stelle nachdenken.» Die Bemerkung lässt immerhin die Option zu, dass man darüber nachdenken könnte, eine Option, die Peter Dabrock offenbar nicht persönlich wahrnehmen will. Auf die Frage, ob sich damit das klassische Modell von Vater, Mutter, Kind ändere, antwortete er: «Ich plädiere für eine größere Offenheit von Familienkonstellationen, die vom tradierten Modell abweichen.»[46] Offenheit ist immer gut, doch kann man sich darüber wundern, mit welcher Geschmeidigkeit ein christlicher Theologe sich dem herrschenden Zeitgeist andient. Wer allerdings die Einlassungen prominenter Protestanten zu den Fragen von Ehe und Familie kennt, wird sich keineswegs darüber wundern.

Der Philosoph und Schriftsteller Ludger Lütkehaus hingegen, der kein Theologe ist, aber ein historisch kundiger

Mensch, sieht die Optimierungsvisionen erheblich kritischer: «Die anthropotechnische ‹Menschenproduktion› schließt auch hier an die Schöpfungsidee der Genesis an, die die Genetik nicht umsonst in ihrem Namen beerbt hat und deren zentrale Annahme sie teilt: dass zu schaffen ‹sehr gut› sei. Gott, der die Menschen mit dem metaphysisch nötigen ‹kleinen Unterschied›, aber doch auch mit der ihm eigenen Großzügigkeit ‹nach seinem Bilde› schuf, war der erste Biotechnologe, nur dass er als technisch retardierter Schöpfer noch nicht ganz so exakt arbeitete. Jeder Kloner ist sein – relativ bescheidener – Nachfahre, der ‹nach seinem Bilde› kopiert. Anspruchsvoller freilich die Genetiker, die versprechen, die Kopie zu verbessern, auch wenn sie dabei gerne ihren Schöpfungstag, den neuen Merkmalsplanungstag, schon vor dem Abend loben. Sie halten dem zu Unrecht totgesagten ehemaligen Schöpfer ihr verbessertes Spiegelbild vor. Durch die noch bestehenden Grenzen der Machbarkeit lassen sie sich nicht beirren; sie wissen aus Erfahrung, dass gemacht werden wird, was gemacht werden kann.»[47]

Diese Vision beflügelt die profitablen Reproduktionszentren. Auch wenn die Befruchtungen mit wachsender Routine preiswerter werden, so lässt sich doch voraussehen, dass die optimierte Menschenherstellung den gebildeten und gutsituierten Schichten vorbehalten bleibt, während sich das Volk am Boden auf hergebrachte Weise fortpflanzt. Dass es damit am Ende besser fährt, ist wahrscheinlich. Die Optimierungsvision, die zugleich ein Optimierungswahn ist, fügt sich in die herrschende Ideologie der Selbstertüchtigung um jeden Preis. Lediglich altmodische Christen und wertkonservative Bildungsbürger erheben ihre Stimme. Vielleicht gibt es bei einer stillen Mehrheit ungute Gefühle. Von lautem Protest allerdings ist nichts zu hören. Es scheint aussichtslos, sich gegen das zu stemmen, was ohnehin geschieht und nach Fortschritt aussieht. Wer es tut, wie es mit geradezu ritterlicher Tapferkeit die Schriftstellerin Sibylle Lewitscharoff getan hat (in ihrer Dresdener Rede vom März 2016), als sie die Reproduktionstechniken «abscheulich» nannte, gibt nicht Anlass für eine ernsthafte Debatte, sondern bloß für allerlei Gekränktheiten.

Elisabeth Beck-Gernsheim hingegen hat in der «FAZ» die Auflösung hergebrachter Ordnungen begrüßt und von «neuartigen transnationalen Verwandtschaftsverhältnissen» gesprochen. Sie schrieb: «Ob das schwule Paar aus Oslo, das im Labor eigenes Sperma mit den Eizellen einer Ukrainerin mixen und die Embryonen von einer indischen Leihmutter austragen lässt; ob die sechzig Jahre alte Bankerin in New York, die nach erfolgreicher Karriere ihren Kinderwunsch entdeckt und in einschlägigen Katalogen sich einen kalifornischen Samenspender und eine russische Eispenderin aussucht – mit Hilfe der globalisierten Reproduktionsmedizin werden Weltbürger in einem ganz neuen Sinne gezeugt.» Und hoffnungsfroh fragte die Autorin: «Dürfen wir sie uns als Wegbereiter einer friedlicheren Weltordnung vorstellen?» [48]

Aber sicher dürfen wir das. Wir kommen jedoch nicht um die Frage herum, wie wir mit der zweiten Folge der neuen Techniken umgehen, mit dem Verlust der Genealogie. Selbst Andreas Bernard betrachtet es als ein gewisses Problem, «wie die Organisation von Verwandtschaft und Familie im Modus der Samenspende, Eizellspende oder Leihmutterschaft aufrechterhalten werden kann. Denn diese Techniken bringen fragmentierte Familienkonstellationen hervor; Jahr für Jahr kommen Tausende Kinder zur Welt, die bis zu fünf Elternteile haben.»[49] Er fügt hinzu, in Deutschland gebe es mehr als hunderttausend durch eine Samenspende gezeugte Kinder, und er schätzt, dass lediglich fünf bis zehn Prozent wissen, wer ihr biologischer Vater ist.[50] Das Recht auf Auskunft, das ihnen mittlerweile zugesprochen worden ist, nutzt ihnen wenig, weil die früheren Samenspenden anonym geleistet wurden. Es leben also rund 90 000 Menschen unter uns, die ihre Abkunft nicht kennen. Ist das schlimm?

«Du musst nicht glauben, dass wir unseren Schlafplatz mit jemandem teilen, der nicht sagen will, welcher Familie er entstammt.» So spricht Akka von Kebnekaise. Die ehrwürdige Wildgans kommt aus einem uralten Adelsgeschlecht. Nils Holgersson nun ist kein IVF-Kind, sondern Sohn achtbarer schwedischer Bauern. Seine Herkunft hat er nur deshalb verschwiegen, weil er sich seiner Geschichte schämt – jener Untaten, die dazu führten, dass er in einen Däumling verwandelt wurde. In diesem Augenblick jedoch erwacht in ihm der Stolz, und er erzählt, wer er eigentlich ist und woher er stammt. Er nimmt also den Schmerz der Erinnerung auf sich, er nimmt die Schuld auf sich, und das ist der Anfang seiner Rückkehr unter die Menschen.

Selma Lagerlöfs Geschichte bezieht sich auf die hergebrachte genealogische Ordnung, der bis dato jeder Mensch unterworfen war und aus der er das Bewusstsein seiner selbst bezog. Er musste, um sagen zu können, wer er war, angeben können, woher er kam. Wir sind immer auch die, die wir geworden sind. Dieses Gesetz galt für jedes Volk, jeden Staat, so wie es für jeden Einzelnen galt. «Je suis mon passé», sagt Jean-Paul Sartre: «Ich bin meine Vergangenheit.»

Wer die Genesis liest, muss darüber staunen, welche Bedeutung den endlos wirkenden Stammtafeln zugemessen wird. Ausschließlich geht es dabei um Vaterschaft, doch keineswegs nur im Sinn einer als monogam gedachten Familie. Man erinnere sich an die unfruchtbare Sara, die ihren Gemahl Abraham auffordert, mit der ägyptischen Sklavin Hagar zu schlafen. Hagar bringt Ismael zur Welt, und als Sara dann doch schwanger wird, gebärt sie Isaak. Ismael wird verstoßen, doch der Engel des Herrn errettet ihn. Im Koran gilt er als der arabische Stammvater. Nicht jede Genealogie ist eine glückliche Genealogie, und Äonen später wird Herman Melville seinen «Moby Dick» mit dem Satz beginnen: «Nennt mich Ismael.»

Wie alle Ordnungssysteme ist auch das genealogische mit Zwang verbunden und weckt Widerstand. Peter Sloterdijk schildert das in seinem Buch «Die schrecklichen Kinder der Neuzeit». Sein Interesse gilt den Traditionsbrüchen, doch versäumt er es nicht, den Sinn der Genealogie zu benennen. Über den berühmten Fall des Ödipus, der seinen Vater umbrachte und mit seiner Mutter schlief, schreibt er: «Die Paarung von Mutter und Sohn ist weit davon entfernt, nur eine erotische Aberration zu bilden – sie steht für eine Mesalliance von ontologischer Mächtigkeit: Sie zieht Wahnsinn, Reue und Irrfahrt nach sich, weil sie das Subjekt aus der positionellen Ordnung des Lebens entwurzelt. Indem sie die genealogische consecutio temporum auf den Kopf stellt, lädt sie das Anfangschaos ein, sich inmitten der humanen Ordnung einzunisten.»[51]

Wir können das Anfangschaos auch das Kaninchenprinzip nennen, und Leser, die sowohl Kinder als auch Kaninchen hatten, werden sich daran erinnern, dass es nicht immer leicht war, das Paarungsverhalten der Tiere zu erklären. Geschwister, Eltern – das war den Kaninchen egal. Hauptsache Nachkommen. Die Frage der Generation, die den Kindern am Herzen lag, die Frage, wer jetzt wessen Vater oder Schwester sei, war nicht zu beantworten, weil Kaninchen so etwas wie «Generation» nicht kennen. Es war eine der größten kulturellen Leistungen der Menschheit, das Kaninchenprinzip außer Kraft zu setzen. Darin liegt der Grund des Inzesttabus. Die consecutio temporum, die Abfolge von zeugender und gezeugter Generation, ist wesentlich für die Selbstverortung des Menschen. Zumindest war sie es. Der reproduzierte neue Mensch findet seinen Ort außerhalb genealogischer Zusammenhänge. Ebendas ist die neue Utopie, der Nirgendsort. Was spräche dagegen, dass ein moderner Ödipus mit einer Mutter, die lediglich seine soziale Bezugsperson ist und nur eine geringe oder keine genetische Verwandtschaft mit ihm besitzt, schliefe – vorausgesetzt, er wäre volljährig?

Die Generation, die in den Reproduktionsfabriken hergestellt wird, ist die Generation Neustart. Sie beginnt mit einer leeren Festplatte und hinterlässt nach Möglichkeit wiederum eine leere. Die Mahnung des Edmund Burke: «Wenn ihr eure Vorväter geachtet hättet, hättet ihr gelernt, euch selbst zu achten», geht an ihr vorbei. Die Macht der Vorväter ist erloschen, die Selbstachtung hängt nicht mehr an der Tradition, sondern am Hier und Jetzt – und an der Samenqualität.

Elternschaft, reproduktionstechnisch betrachtet, ist nur noch ein schwaches soziales Konstrukt, das mit Blutsbanden nichts mehr zu tun hat und sich von Fall zu Fall neu zusammensetzt. Die Liebe zwischen zwei Partnern ist erheblich nur für die Erziehung, für Zeugung und Geburt jedoch bedeutungslos. Deshalb spricht alles dafür, die Reproduktion jenen zu überlassen, die sie am besten beherrschen: den Technikern.

Schillers Traum «Alle Menschen werden Brüder» hat sich auf traurige Weise insofern der Realität angenähert, als tatsächlich sehr viele Menschen Brüder und Schwestern geworden sind – allerdings ohne ihr Wissen. Bernard zitiert eine alleinerziehende Mutter, die sich auf die Suche nach den Halbgeschwistern ihres IVF-Sohnes gemacht und ein Verzeichnis der durch Samenspenden erzeugten Verwandtschaften erstellt hat. Über ihr Register sagt sie: «Wir haben über hundert Gruppen mit mehr als zehn Halbgeschwistern und rund zwanzig Gruppen mit mehr als 35.» Von diesen wiederum gebe es einige, in denen mehr als hundert Kinder die Produkte desselben Spenders seien.[52] Das übertrifft alle Fruchtbarkeitsphantasien der Genesis.

In seinem satirischen Zukunftsroman «Follower» entwirft der Schriftsteller Eugen Ruge das Bild einer Gesellschaft, in der die natürliche Reproduktion längst durch optimierte Verfahren ersetzt ist. Und selbstverständlich kennt diese neue Welt neue Merkmale sozialer Distinktion. Es gibt nämlich die preiswert hergestellten Spenderkinder, die zum Standard gehören, und es gibt die «Exklusivspenderkinder»[53], also singuläre, folglich teure Produkte, die sich nicht jeder leisten kann und auf die ihre Verursacher, die man nicht eigentlich Eltern mehr nennen mag, besonders stolz sind.

Der Roman spielt im Jahr 2055. Zwischen die bizarren Episoden, die in der Hauptsache das nunmehr Mögliche erzählerisch ausmalen, schiebt Ruge eine historische Betrachtung ein, die den Titel «Genesis/Kurzfassung» trägt. Die Frage, die ihn antreibt, lautet: Wie eigentlich ist die Existenz des Helden, eines relativ jungen Mannes namens Nio Schulz, zustande gekommen? Und der Erzähler beginnt beim «Urknall», resümiert die Erdgeschichte und die Entstehung des Lebens, schließlich des Menschen im Zeitraffer, gelangt zu den Vorfahren seines Helden, studiert die Kirchenbücher, die historischen Akten, schildert die Kriege, die Seuchen, die trotz allem stattfindenden Heiraten und Geburten, bis er am Ende den Stammbaum von Nio Schulz (der übrigens in die Familiengeschichte von Eugen Ruge insofern hineinpasst, als er dessen Enkel ist) bis in die Zukunft hinein rekonstruiert hat. Das Fazit? Eine derartige Häufung von glücklichen Zufällen kommt fast einem Gottesbeweis gleich. Und zweitens führt uns diese winzige Fallstudie die überragende Bedeutung des genealogischen Prinzips in der Menschheitsgeschichte vor Augen.

Sloterdijk beschäftigt sich in seinem Buch «Die schrecklichen Kinder der Neuzeit» auch mit der rhythmisch wiederkehrenden antigenealogischen Revolte. Er scheint sie zu begrüßen. Seltsamerweise übergeht er die Reproduktionstechnik. Einen der Revoluzzer erkennt er im Marquis de Sade, den er nicht als den berüchtigten Lüstling beschreibt, sondern als den radikalen Zerstörer des genealogischen Gedankens. In seinem Traktat «Die Philosophie im Boudoir» (1795) schildert Sade, wie die junge Eugénie von einer Madame unter Mithilfe eines Monsieur in verschiedene sexuelle Praktiken eingeführt wird. Eugénie, die den erigierten Penis des Herrn interessiert betastet, fragt: «Und diese Kugeln, wozu dienen sie?» Madame antwortet: «Diese Kugeln enthalten jenen fruchtbaren Samen, dessen Erguss in die Gebärmutter der Frau die menschliche Gattung hervorbringt. Aber wir wollen uns nicht bei diesen Einzelheiten aufhalten, Eugénie, die mehr in den Bereich der Medizin als in den der Libertinage fallen. Ein hübsches Mädchen sollte sich nur damit befassen, zu ficken und niemals zu zeugen. Wir werden alles übergehen, was den banausischen Mechanismus der Vermehrung angeht.»[54] Man muss die Weitsicht des Marquis de Sade bewundern. Der «banausische Mechanismus der Vermehrung» fällt heutzutage tatsächlich in den «Bereich der Medizin». Allerdings und glücklicherweise betrifft das nur eine Minderheit in jenen Ländern, deren Bewohner so wohlhabend sind, dass sie die Arbeit der Reproduktionszentren bezahlen können.

Mit der Einführung der Pille begann die Trennung von Sexualität und Fortpflanzung. Dem Prinzip Verhütung ist nun das Prinzip Herstellung ergänzend zur Seite getreten. Mehr kann man nicht wollen. Der Vater allerdings ist dabei abhandengekommen. Alexander Mitscherlichs berühmtes Buch «Auf dem Weg zur vaterlosen Gesellschaft» (1963) hat sich auf ungeahnte Weise bewahrheitet. Die fortgeschrittene Frau lässt ihre Eizellen einfrieren und besorgt sich, wenn der Kinderwunsch an die Reihe kommt, den passenden Samen von der Bank. Der mythische Vatermord entfällt nun endlich. Die klassische Revolte einer jungen Generation gegen die etablierte erscheint als atavistisches Ritual. Die vom biologischen Fatalismus befreite Generation Neustart hält sich damit nicht auf.

Die berühmteste Revision einer starr gewordenen Genealogie war die des Jesus von Nazareth. Der scheinbare Widerspruch, dass der Evangelist Matthäus einerseits die Abstammung Jesu über Joseph auf David zurückführt, andererseits die Jungfräulichkeit Marias betont, löst sich auf, wenn man die alte Genealogie als horizontale Achse betrachtet, die von der vertikalen Achse einer neuen Genealogie geschnitten wird. Der Gottessohn ist doppelt legitimiert: Einerseits steht er in der Messias-Tradition, ist Teil einer mächtigen Abstammungskette, andererseits steht er am überzeitlichen Schnittpunkt der Offenbarung, ist gezeugt vom Heiligen Geist und erhält seine Legitimität vom Allerhöchsten. Die Verbindung des Horizontalen mit dem Vertikalen, die Versöhnung der historisch-leiblichen mit der göttlichen Abstammung ist ein wahrhaft revolutionärer Gedanke, den man nur glauben oder verwerfen kann. Er schließt die Überzeugung ein, dass der Mensch nicht Herr seines Schicksals ist. Sibylle Lewitscharoff hat in ihrer Dresdener Rede ganz unverblümt gesagt: «Mein Schicksal liegt in Gottes Hand und nicht in meinen Händen.» Dass dieser Glaube weithin unverständlich geworden ist, bedeutet nicht, dass ihm keine Wahrheit zukommt.

Im «Spiegel» hat sich vor einiger Zeit eine nicht mehr ganz junge Frau zum «Social Freezing», zum Einfrieren ihrer Eizellen, bekannt und sich gegen den Vorwurf des Egoismus mit der Frage gewehrt: «Was spricht dagegen, das Beste aus seinem Leben herausholen zu wollen?»[55] Ja, was spricht dagegen? Wer so redet, dem bleibt gar nichts anderes übrig, als das Beste aus seinem Leben herauszuholen. Den Phantasien der Selbstermächtigung und Selbsterlösung kommt die Reproduktionsmedizin aufs verlockendste entgegen. Sie verspricht, jeden, der es bezahlen kann, zum Herrn oder zur Herrin des eigenen Lebens zu machen. Sie optimiert den Menschen als Kunstprodukt. Wie bei allen Optimierungsprozessen werden sich auch hier Fehlprodukte nicht vermeiden lassen. Es wird Abfall entstehen, wie es schon jetzt das Schicksal zahlloser per IVF befruchteter Eizellen ist.

Man wird sich daran gewöhnen, doch ist und bleibt es ein schrecklicher Vorgang.

Und was ist mit jenen, die sich verzweifelt ein Kind wünschen, aber auf herkömmlichem Weg nicht kriegen können? Meine konservative Antwort lautet, dass es Schicksal gibt. Nahezu alle Menschen haben Defizite im Sinn einer universalen Gleichheitsidee. Das war bis vor kurzem kein Problem. Wer unmusikalisch war, der musste darauf verzichten, das Geigenspiel zu erlernen, und er richtete sich darauf ein, im Sport oder im Rechnen zu reüssieren. Wer homosexuell war, der wusste, dass er biologische Nachkommen nicht würde haben können, er richtete seine Energie auf ein anderes Glück und setzte sich dafür ein, dass Herabsetzung und Verfolgung der Homosexualität endlich aufhörten.

Doch heute kann sich keiner, der von der Norm abweicht, als besonderen und gesonderten Menschen betrachten, dessen Leben mit dem anderer Menschen keineswegs konkurrierend verglichen werden muss. Er wird dazu animiert, die Tatsache, dass er unmusikalisch oder unfruchtbar ist, zum allgemeinen Problem zu erklären. Seine Beschwerde richtet sich an den Staat oder die Öffentlichkeit, die dafür sorgen sollen, dass jemand, der unmusikalisch ist, gleichwohl Geigenunterricht bekommen darf, und jemand der unfruchtbar oder homosexuell ist, das Anrecht oder die Chance zu kriegen hat, sich mit Hilfe der neuen Techniken zu vermehren.

Diese Ansprüche sind verständlich und nicht in jedem Fall unrealistisch. Sie sind jedoch Zeichen einer veränderten Selbstdefinition. Die Frage nach Pflicht und Verantwortung, die Frage nach einer Selbstverortung in der Tradition tritt zurück, und die Bereitschaft, ein Schicksal, welcher Art auch immer, anzunehmen, schwindet. Die «Selbstverwirklichung» ist das neue Credo. Wenn man sie genauer betrachtet, so handelt es sich eigentlich nur um eine «Ichverwirklichung», also nicht um die Entfaltung einer sozialen, dialogischen Persönlichkeit, sondern um die Durchsetzung eines Ego. Es folgt der Optimierung des Humankapitals, das seine Grenzen nur noch im jeweils Machbaren findet.

Bei den ersten und den letzten Dingen jedoch, beim Gebären und beim Sterben, gibt es Grenzen, die man nicht überschreiten sollte. Sie definieren sich durch die Geschichte der Menschheit, die, wo sie ersprießlich war, immer ein Produkt aus Natur und Kultur gewesen ist. Sie verdankte sich einer weisen, aus Erfahrung gewonnenen Selbstbeschränkung. Wann immer die Menschen versucht haben, Gott zu spielen, ist es ihnen schlecht ergangen.

Es liegt auf der Hand: Dies ist die Position eines anderen, eines zu Propagandazwecken und zur Mehrheitsbeschaffung untauglichen Konservatismus, den die meisten Zeitgenossen ablehnen werden. Aber ich glaube, es sollte ihn geben. Diese Gesellschaft ist frei genug, ihn ertragen zu können.

6

*Der Konservatismus und der Zweifel an der
menschlichen Vernunft – Der erprobte
Nationalstaat und die unerprobte, vermutlich
unrealisierbare Idee eines europäischen
Bundesstaates*

Z u den Besonderheiten des Konservatismus gehört,
dass er keine geschlossene Theorie hat. Karl Mannheim sagt: «Das konservative Bewußtsein ist an und für sich
nicht theoretisch veranlagt, entsprechend der Tatsache, daß
der Mensch die ihn umgebende Realsituation nicht zum
Gegenstande theoretischer Reflexion macht, solange er sich
mit ihr in Deckung befindet.» Dieses Gefühl, sich mit seiner
Zeit «in Deckung zu befinden», schwindet, wenn die Idee
permanenter Innovation zu herrschenden Meinung wird
und Traditionen als Fortschrittshindernis gelten. Dies ist gegenwärtig der Fall, und es zwingt das konservative Denken
zum «Reflexivwerden», wie Mannheim sagt[56], was bedeutet,
dass der Konservative seinen Standort erst in der Opposition
zum Zeitgeist findet. Schon einer der ersten grundlegenden
Texte des Konservatismus, Edmund Burkes berühmte Streitschrift gegen die Französische Revolution («Reflections on
the Revolution in France», 1790), folgte diesem Muster. Otto

Heinrich von der Gablentz, ein konservativer Politologe und als Mitglied des Kreisauer Kreises im Widerstand gegen Hitler, vermerkt lapidar: «Das konservative Denken ist reaktiv seinem Wesen nach.»[57] Martin Greiffenhagen vertieft diesen Gedanken: «Im Unterschied zu dem herrschenden Selbstverständnis des Konservatismus, der sein Denken als aus alten vorrationalen Quellen stammend begreift und solchermaßen glaubt, in ihm komme die ursprüngliche Ganzheit und Heilheit einer unter dem Ansturm des Rationalismus versinkenden oder bereits versunkenen Welt zur Sprache, meinen wir den Konservatismus von Anbeginn als gebrochenes Weltverhältnis und somit als reflexives Weltverständnis auffassen zu sollen.»[58]

Ich glaube nicht an eine «ursprüngliche Ganzheit und Heilheit», und wenn mir ein «reflexives Weltverständnis» gelänge, wäre ich schon zufrieden. Reflexiv zu sein bedeutet, die Sache, um die es jeweils geht, in einem Spiegel betrachten zu können. Das Denken betrachtet sich selbst. Und dieser Spiegel zeigt einen Raum, der mit wachsendem Alter größer wird. Der alte Mensch hat naturgemäß mehr Erfahrungen gemacht als der junge, die Strecke, die er zurückgelegt hat, ist größer als die, die er noch erwarten darf. Deshalb gibt es einen natürlichen Konservatismus der Älteren, dem die natürliche Fortschrittshoffnung der Jüngeren gegenübersteht.

Diese über Jahrhunderte hinweg bewährte Arbeitsteilung der Generationen funktioniert nicht mehr, wenn es zum fraglosen Ziel aller wird, jung zu sein oder jung zu wirken. Der Erfahrungsschatz der Alten spielt nur noch eine geringe Rolle, wenn das technisch und ökonomisch begründete Prinzip der Innovation allumfassend wird. Um von mei-

nem Beruf zu reden: Dass ich noch weiß, was eine Schreib-
maschine war und wie man eine Zeitung im Bleisatz hergestellt und gedruckt hat – das taugt für Anekdoten, für mehr
jedoch nicht. Jeder Zeitgenosse, der am gesellschaftlichen
Leben aktiv teilnehmen will, steht vor der unvermeidlichen
Aufgabe, sich permanent das jeweils Neue anzueignen, welcher Art auch immer, seien es die jüngsten digitalen Techniken, die binnen kurzem veraltet sind, seien es die aktuel-
len Aufregungen aus der Welt der Stars und der Moden, die
schon übermorgen vergessen sind. Allein deshalb ist das
Altwerden kein Vergnügen, wenn es je eines war, und der
natürliche Konservatismus wird zu einer Haltung, die man
zu verbergen geneigt ist.

Gleichwohl gibt es diesen generationsbestimmten Konservatismus noch immer, und er wird auch nicht gänzlich
verschwinden können. Er leidet allerdings darunter, dass
er verstaubt wirkt, dass er bloß «reaktiv» ist. Sein Modus ist
der missbilligende Einspruch, nicht der verheißungsvolle
Entwurf; die auf Verzögerung hoffende Kritik und nicht die
optimistische Beschleunigung nach vorn. Daraus folgt, dass
konservative Positionen sich immer nur von Fall zu Fall ergeben. Wenn sie programmatisch und überzeitlich werden
wollen, geraten sie rasch in die Gefahr des Ideologischen.
Greiffenhagen sagt, es nehme nicht wunder, dass dem Konservatismus «eine einfache Antwort auf die Frage, was der
Inhalt seines Denkens, das Ziel seiner Forderungen oder
das Programm seiner Politik sei, immer unmöglich gewesen
ist. Die Werte, um deren Bewahrung und Tradierung es dem
Konservatismus geht, ‹entstehen› jeweils erst, indem sie gefährdet, bestritten, bekämpft und aufgelöst werden.» Und er
fügt hinzu: «Es handelt sich hier um eine allgemeine Erschei-
nung der Geistesgeschichte, ja des Denkens überhaupt: im-

mer dann, wenn eine Institution, ein Wert, eine Vorstellung oder Denkrichtung aufhört, allgemein verbindlich zu sein, rückt sie überhaupt erst in den Umkreis menschlichen Interesses. Erst wenn ein Wert problematisch wird, wird er als ‹Wert› gewußt. [...] Allgemein und auf das Denken bezogen bedeutet dieser Sachverhalt nichts weniger, als daß man um die Voraussetzungen seines Denkens erst weiß, indem man diese Voraussetzungen bereits zu verlassen beginnt.»[59]

Daraus folgt nun allerdings nicht, dass dieses nachholende Denken vergeblich wäre. Denn erstens hinkt das Denken den Tatsachen fast immer hinterher und ist dennoch nicht folgenlos. Zweitens stimmt der oftmals vorgetragene Einwand nicht, es sei ganz ausgeschlossen, verlorene «Werte, Vorstellungen oder Denkrichtungen» wiederzugewinnen. Selbstverständlich ist klar, dass Vergangenes niemals identisch zurückkehren kann, ebendeshalb, weil es vergangen ist. Doch wenn man nicht an einen linearen Fortschritt glaubt, der – wie sprunghaft und verzögert auch immer – auf ein fernes Ziel zulaufen muss, dann sieht man, dass die Geschichte den Niedergang und den Abbruch ebenso kennt wie den Neubeginn und die Renaissance. Und «die» Renaissance war bekanntlich nicht die Kopie der Kultur der Antike, sondern ihre Entdeckung und Aneignung unter veränderten Umständen.

Es ist also durchaus möglich, dem Vergessenen und Verlorenen wieder zu seinem Recht zu verhelfen. Dabei liegt es allerdings auf der Hand, dass dies nicht per Beschluss gelingen kann und erst recht nicht durch die Einberufung einer Kommission, sondern nur dadurch, dass man dem unablässigen Strom des Redens vergessene Gedanken zuführt. Ebendarum geht es mir. Und nicht allein mir. Im umfangreichen Werk von Botho Strauß kann man dies als zentrales Motiv erkennen: das vom Geröll des Geredes längst Verschüttete wieder auszugraben.

In einem Gespräch, das ich im Mai 2003 mit ihm führte, sagt er: «Es gibt verschüttete Grundelemente, die heute vielleicht nur in Sekundenbruchteilen von Erleuchtung wieder sichtbar werden. Jetzt ist der technische Überbau derart gewaltig, dass nur noch das Prinzip der Innovation Gültigkeit zu haben scheint. Aber es könnte doch passieren, dass man das anknüpfende, verbindende Element für genauso lebensspendend hält.» Und er fügt hinzu: «Dass wir etwas älter sind als nur von heute, habe ich immer als selbstverständlich angesehen. Anbindungsstrategien sind für mich wichtiger als Bruch- und Aufbruchparolen. In der ästhetischen Entwicklung spielen Neuerungen keine bedeutende Rolle mehr. Ich selbst bin ein Transporteur, kein Neuerer. Vielleicht ist heute der Transporteur der Neuerer, das kann schon sein. Ich habe mich immer als einen empfunden, der durchdrungen ist von dem, was war, und es weiterträgt.»[60]

Die Sache wird allerdings dadurch kompliziert, dass keineswegs alle alten Ideen eine neue Beachtung verdienen. Rassismus oder gar Antisemitismus sind nichts, worüber man diskutieren müsste. Man sollte aber immer genau hinsehen und sich bewusst halten, dass der Vorwurf inhumanen Denkens und Redens selber mit politischen Absichten beladen ist. In unserer gegenwärtigen, hochempfindlichen Diskutiererei erzielt derjenige einen moralischen Geländegewinn, der den Gegner am schnellsten des Rassismus oder Sexismus (etc.) überführen kann. Womit über einen wirklichen Rassismus oder Sexismus oft noch nichts gesagt ist.

Trotz des unbestreitbaren konservativen Theoriemangels gibt es mindestens zwei Konstanten des europäischen Konservatismus. Die eine ist die schon erwähnte Fortschrittsskepsis, die andere das Verhältnis zum Staat. Der Konservative ist davon überzeugt, dass ein starker Staat erstrebenswert sei. Doch was für ein Staat? Von einem demokratischen Staat haben die Konservativen ursprünglich nicht viel gehalten, sie waren zumeist Monarchisten und zuvörderst an Besitzstandswahrung interessiert, an der Erhaltung jener ständischen Ordnung, die ihnen Privilegien sicherte. Auch später neigten sie dazu, sich mit den jeweils Mächtigen zu verbünden, bis hin zu ihrer unrühmlichen Rolle beim Aufstieg Hitlers. Sie hatten nicht hinreichend oder zu spät bemerkt, dass die NSDAP keineswegs konservative Ziele verfolgte, sondern die Partei einer radikalen Modernisierung war. Doch der Widerstand gegen Hitler ging keineswegs von den Kommunisten und Sozialdemokraten allein aus, sondern eben auch von christlichen Konservativen. Gleichwohl ist der Konservatismus von der jüngsten deutschen Geschichte in Mitleidenschaft gezogen worden, und er hat sich seitdem nie mehr wirklich davon erholt – von den gegenwärtigen Versuchen, eine neue Rechte zu etablieren, ganz abgesehen. Immer drohen die Schatten der Vergangenheit, und manchmal sind es ja nicht bloß Schatten, sondern braune Flecken.

Jedenfalls gehört in den Augen des aufgeklärten Konservativen ein starker demokratischer Nationalstaat zu den Errungenschaften der Moderne. Dass er demokratisch ist, schützt ihn weitgehend vor der Tyrannei. Dass er ein Nationalstaat ist, der eine gemeinsame Sprache und eine kulturelle Identität besitzt, ermöglicht jene prinzipiell jedermann zugängliche Öffentlichkeit, die den Streit der Argumente erlaubt, sogar erzwingt. Dies alles trifft für die Bundesrepublik zu, nur eines leider nicht: dass sie ein starker Staat sei. Und damit meine ich nicht in erster Linie den Kontrollverlust im Jahr 2015, als Hunderttausende unbehelligt ins Land strömten, sondern ich meine die Tatsache, dass Gremien der EU, die ich nicht gewählt habe und deren Zusammensetzung sich meinem Votum entzieht, in wachsendem Ausmaß meinen Alltag bestimmen. Das kommt, weil meine Regierungen bedeutende Hoheitsrechte an die Kommission der EU übertragen haben. Viele Entscheidungen, die mein Leben unmittelbar berühren, werden nicht mehr in Berlin, sondern in Brüssel getroffen.

Die Übertragung von Hoheitsrechten geschah mit Zustimmung des Bundestages, wohl wahr. Doch just daraus entstehen Probleme. Der ehemalige Verfassungsrichter Dieter Grimm beschreibt in seinem Buch «Europa ja – aber welches?», wie der Europäische Gerichtshof in einer ganzen Reihe von Urteilen den Geltungsbereich der nationalen Verfassungen und damit natürlich auch des Grundgesetzes zurückgedrängt hat: «Die nationalen Verfassungsgerichte stemmen sich nur noch gegen die äußerste Konsequenz der Bestrebungen, den Anwendungsbereich des nationalen Verfassungsrechts vollends dem Gemeinschaftsrecht unterzuordnen. Aber auch ohne diesen letzten Schritt ist die nationale Verfassung nicht mehr in der Lage, die ursprünglich mit ihr verbundenen Erwartungen zu erfüllen. Das gilt sowohl für ihre Ordnungs- als auch für ihre Legitimationsfunktion.» Und er fährt fort: «Was die Legitimationsfunktion angeht, kann die nationale Verfassung ihren Anspruch, dass alle in ihrem räumlichen Geltungsbereich ausgeübte Herrschaft ihre Legitimation vom Volk erhält, nicht mehr einlösen. Zwar fehlt es der an die EU abgetretenen Herrschaftsgewalt nicht an einer Legitimationsgrundlage. Sie besteht aus den Verträgen, die die Gemeinschaft ins Leben gerufen haben und rechtlich regeln. Indessen hat dieses Recht seinen Ursprung nicht im Volk des Staates, das der Herrschaft unterworfen ist. Die Herrschaftsgewalt der Gemeinschaft geht von den Staaten aus.»[61]

Was den Bürgern der einzelnen Staaten vorenthalten wird, nämlich die entweder plebiszitär organisierte oder durch ein Parlament vermittelte Partizipation an Regelungen, die jedermann betreffen, das wird auch den Unionsbürgern insgesamt vorenthalten: «Nicht die Unionsbürger sind die Quelle der europäischen öffentlichen Gewalt, sondern die Mitgliedstaaten. Sie verfügen über die Rechtsgrundlage der EU, während die Unionsbürger damit weder als Aktivbürger noch auch nur als Zurechnungssubjekt der europäischen öffentlichen Gewalt etwas zu tun haben.»[62] Deutlicher kann man die Entmächtigung des Grundgesetzes nicht beschreiben. Die europäische Einigung war von Beginn an ein Projekt der Eliten, zunächst ein kulturelles, dann ein ökonomisches. Die Unionsbürger wurden nicht gefragt, und jenen Staaten, die eine nachträgliche Zustimmung per Referendum erbaten, wurde sie mehrheitlich verweigert.

Das Legitimationsdefizit fiel mir so lange nicht sonderlich auf, wie ich die Vorzüge der europäischen Freizügigkeit genießen konnte. Freudig überrascht bemerkte ich, wie bequem es war, keinen Grenzkontrollen mehr zu begegnen und fast überall mit derselben Währung bezahlen zu können. Zugleich jedoch spürte ich mit gemischten Gefühlen, wie sehr die Brüsseler Vorschriften ins tägliche Leben eingriffen. Das reichte von Lästigkeiten wie dem Verbot von Glühbirnen oder krummen Gurken bis hin zu wichtigen

Themen wie etwa dem Kampf der EU-Kommission gegen die Buchpreisbindung. Die lag mir am Herzen, weil ich wusste: Das erstaunliche Niveau der deutschen Buchproduktion würde zusammenbrechen müssen, wenn die Preisbindung wegfiele. Sie ist einstweilen erhalten geblieben, und ich betone: einstweilen.

Wirklich ernst wurde es bei den Rettungsaktionen für die vom Staatsbankrott bedrohten Mitglieder der EU. Zwar habe ich die von Fall zu Fall wiederkehrenden Vorschläge, Griechenland oder Italien aus der EU zu entlassen, immer für absurd gehalten – was wäre Europa ohne die beiden Länder, denen es seinen Ursprung verdankt? –, gleichwohl waren und sind die Milliarden, die dort unwiederbringlich hingeströmt sind, eine Frage von nationaler Bedeutung, welche die Richtlinienkompetenz der Kanzlerin allein nicht hinreichend beantworten konnte. Das ist ja im Fall der Eurokrise des Jahres 2010 auch bemerkt worden, und ihr berühmter Hinweis, es gebe keine Alternative, hat dann zur Gründung der «Alternative für Deutschland» geführt. Was die Europäische Zentralbank betrifft, die sich die Kompetenz eines nicht existierenden gemeinsamen Wirtschafts- und Finanzministeriums anmaßt, so hat sie für ihre Geldpolitik keine hinreichende demokratische Legitimation. Kurz: In Lebensfragen der Nation hat das höchste Gremium des Landes, nämlich der Bundestag, oftmals nur eine Nebenrolle gespielt.

Die wirkliche Alternative zu Angela Merkels alternativloser Politik bestünde darin, «der Europäischen Union diejenigen Legitimitäts- und Solidaritätsressourcen zuzuführen, über die der Nationalstaat immer noch verfügt»[63]. Es würde bedeuten, die Entmachtung des Nationalstaats weiter voranzubringen, was hieße, eine wirkliche gemeinsame Verfassung zu beschließen, ein wirkliches europäisches Parlament zu wählen, das schließlich eine Regierung bestimmen würde. Dass dies gelingen könnte, ist aus vielen Gründen äußerst unwahrscheinlich und in meinen Augen auch keineswegs wünschenswert. Erstens verstieße es gegen das Grundgesetz. Zweitens müssten je nach Rechtslage die europäischen Völker plebiszitär oder parlamentarisch zustimmen. Drittens würde ein funktionierendes europäisches Parlament voraussetzen, dass es ein europäisches Wahlrecht gäbe, eine gemeinsame europäische Öffentlichkeit, also eine gemeinsame Sprache und eine überall gleichermaßen funktionierende vierte Gewalt.

Alles in allem würde eine wirkliche europäische Integration – also ein europäischer Bundesstaat – voraussetzen, dass sich die Bürger der Nationalstaaten zu europäischen Staatsbürgern entwickelten. Es hat nicht den Anschein, dass sie dies wollen. Martin Winter, langjähriger Brüsseler Korrespondent der «SZ», beschreibt in seinem Buch «Das Ende einer Illusion» die geringe Begeisterung, welche die EU bei den Europäern weckt. Umfragen zeigen, dass sich die meisten in erster Linie als Bürger ihres Landes betrachten, dann erst und in weitem Abstand als Europäer.[64] Der Versuch, ein Gefühl der Zusammengehörigkeit durch die Wahlen zum Europäischen Parlament zu stärken, blieb ohne Erfolg. Die Beteiligung bei den Wahlen zum Europaparlament sank von 62 Prozent im Jahr 1979 auf 42,5 Prozent im Jahr 2014. In der Slowakei gingen lediglich 13,1 Prozent zur Wahl.[65]

Einer der Gründe für dieses Desinteresse liegt sicherlich in der «merkwürdigen Situation», so schreibt Dieter Grimm, «dass diejenigen Parteien, welche man wählen kann, keine

Rolle im Europäischen Parlament spielen, während diejenigen Parteien, die dort eine Rolle spielen, nicht zur Wahl stehen»[66]. Ich füge hinzu: Wir haben außerdem die Situation – eine nicht merkwürdige, sondern tief beunruhigende –, dass wir weder eine starke EU noch eine starke Bundesregierung haben.

Die Konsequenz daraus? Da aus dem prekären europäischen Staatenbund vermutlich nie ein machtvoller Bundesstaat werden wird, kann sie nur in einer kontrollierten Abrüstung bestehen – und eben nicht in einer weiteren Vertiefung, wie sie noch immer von den EU-Enthusiasten gefordert wird. Eine solche Vertiefung nämlich würde zwar zu einer weiteren Schwächung der Nationalstaaten führen, keineswegs aber zu einer Stärkung der EU – ganz abgesehen davon, dass der erwachte Patriotismus oder Nationalismus vieler Staaten, vor allem der osteuropäischen, einen neuerlichen Machtverlust der Einzelstaaten nicht hinnehmen würde.

Was einige vorausgesehen haben (unter anderen der Historiker Heinrich August Winkler), nämlich die fatale Überdehnung der Union, liegt nun allen vor Augen. Die zentrifugalen Kräfte haben zugenommen. Man erinnere sich: Im Jahr 2004 wurden die Staaten Estland, Lettland, Litauen, Polen, Tschechien, Slowakei, Ungarn und Slowenien in die EU aufgenommen, 2007 gefolgt von Rumänien und Bulgarien. Mag sein, dass diese Selbstüberschätzung ihre Gründe hatte, ökonomische (Absatzmärkte!) oder geostrategische (Russland!) – dem Europa-Projekt jedenfalls hat sie nachhaltig geschadet.

Europa war immer ein kultureller Raum, zu dessen Kennzeichen nicht die Homogenität zählte, sondern der Konflikt der Religionen und Herrschaften; nicht eine verbrüdernde Idee, sondern der Wettkampf der Ideen. Die europäische Kultur besteht eben in ihrer unerschöpflichen Neugierde und ständig wachen Streitlust. Die räuberische Inbrunst, mit der sie sich Fremdes immerzu aneignet, erweckt bei anderen Kulturen oftmals den Eindruck der Schwäche und eines masochistischen Zweifels. Welch ein Irrtum! Europa fand in seiner Zerrissenheit immer eine Kraftquelle, die von Revolutionen ebenso wie von Rückbesinnungen auf die Tradition gespeist wurde.

Nach den beiden Weltkriegen, in denen die europäischen Nationalstaaten einander zerfleischt hatten, wurde die vorher schon entstandene machtvolle Idee einer europäischen Vereinigung Schritt für Schritt realisiert, zunächst ökonomisch in der Montanunion und der Europäischen Wirtschaftsgemeinschaft (EWG). Europa erlebte, jedenfalls im Westen, eine bemerkenswert lange Phase der Prosperität und des Friedens. Das war in der Tat eine Revolution. Bei aller Kritik am jetzigen Zustand Europas darf man nicht vergessen, wie erfolgreich und friedfertig dieser notorisch zerstrittene Kontinent im Verlauf der Nachkriegsgeschichte geworden ist. Der Versuch jedoch, eine Vertiefung der europäischen Integration durch die Einführung des Euro zu erzwingen, ist, wie man heute sehen kann, gescheitert. Eine Rückbesinnung ist nunmehr notwendig. Sie bestünde in einer Reduzierung des Brüsseler Apparats, sie bestünde in einer Rückkehr zur Kooperation eigenverantwortlicher Staaten.

Wie das geschehen könnte? Die Verhandlungen über den Brexit darf man als eine erste Übung dafür betrachten. Bemerkenswert jedoch scheint mir, dass die beschriebene

Konsequenz, eben weil ihr schwer auszuweichen ist, in vielen Köpfen herumgeistern muss und sicherlich auch im kleineren Kreis besprochen wird, dass die Parteien jedoch alles tun, die Diskussion darüber zu vermeiden. Sie wollen um keinen Preis als europafeindlich gelten, wohingegen ich glaube, dass der wahre Europäer darauf hinwirken sollte, die Macht von Brüssel zu beschränken und den Blick auf die eigentliche europäische Kultur zu lenken. Lange war es üblich, die Kritik am Euro oder an Brüssel als europafeindlich zu bezeichnen. Man könnte den Spieß umdrehen und sagen, der Euro sei europafeindlich, weil er den Kontinent zu zerreißen droht.

Am Ende seiner engagierten und gründlichen Darstellung gelangt Martin Winter zu einem ernüchternden Fazit. Für die Krise der EU gebe es prinzipiell drei Lösungen: die einer forcierten Vertiefung, die eines Rückbaus oder die eines Wartens auf bessere Zeiten. Keine der drei Optionen erscheint ihm wirklich verheißungsvoll. Als er das Buch schrieb, war der Brexit noch gar nicht beschlossen.

7

Der schwache Staat und die Diktatur der Fürsorge –
Beobachtungen und Prophezeiungen von
Alexis de Tocqueville

D er Konservative bemerkt zu seinem Missvergnügen, dass der Staat, so gehemmt und behindert er in fundamentalen Fragen einerseits ist, sich andererseits immer detaillierter in die Lebenspraxis seiner Bürger erzieherisch einmischt. Wer versuchsweise einen Schritt zurücktritt, um eine historische Perspektive zu gewinnen, der wird sehen, dass eine Gesellschaft noch nie derart reguliert war wie die unsrige. Diese Vorschriften wären verständlich und vernünftig, wenn sie nur dazu dienten, den Schaden, der dem einen von einem anderen zugefügt werden könnte, zu begrenzen. Sie müssten dem Ratschlag Wilhelm von Humboldts folgen, der gesagt hat, «daß jedes Bemühen des Staates verwerflich sei, sich in die Privatangelegenheiten der Bürger überall da einzumischen, wo dieselben nicht unmittelbaren Bezug auf die Kränkung der Rechte des einen durch den andren haben» [67].

Eine solche weise Selbstbeschränkung findet man heute leider nicht. Im Gegenteil sorgt sich der Staat in geradezu rührender Weise um meine Gesundheit und Sicherheit, um meine richtige Ernährung und ein möglichst risikoarmes Leben. Eklatantes Beispiel dafür ist das Rauchen. Es geht ja längst nicht mehr um den plausiblen Schutz der Nichtraucher allein. Ich selber bin Raucher und freue mich darüber, dass die Luft in den Restaurants besser geworden ist. Doch auch im Freien, auf Terrassen, Balkonen oder in Gastgärten, ist das Rauchen immer häufiger verboten.

Als ich einmal Siegfried Lenz in Dänemark besuchte, um ein Interview mit ihm zu machen, trafen wir uns am Vorabend in einem ziemlich schicken Hotel. In den Räumlichkeiten des alten Dorfkrugs war unweit des Eingangs ein großer Kamin, um ihn herum standen bequeme Sessel. Das Restaurant, wo wir später essen wollten, war ein gutes Stück davon entfernt. Wir ließen uns also am Kamin nieder, und Siegfried Lenz, der ewige Pfeifenraucher, holte seinen Tabak hervor und stand im Begriff, sich eine Pfeife anzuzünden. Der Rauch, den er vor sich hin gepafft hätte, wäre nicht weiter aufgefallen, weil das Kaminfeuer nicht ordentlich brannte und die Sitzgruppen mit einem leichten, nicht unangenehmen Qualmschleier umhüllte. Natürlich wurde Lenz, noch bevor seine Pfeife zündete, höflich, aber bestimmt auf seinen Fehltritt hingewiesen, sodass wir gezwungen waren, nach draußen zu gehen, wo es noch ziemlich kühl war – der Frühling hatte eben erst begonnen.

Die Logik solcher Verbote ist klar: Es geht nicht nur darum, die Mitmenschen vor dem Sünder, sondern auch darum, den Sünder vor sich selbst zu schützen. Diese Fürsorge umfasst weite Felder unseres Alltags. Die Anschnallpflicht für Autofahrer und die Helmpflicht für Motorradfahrer und Skiläufer (die für Radfahrer wird bald folgen), die zahllosen

anderen kleinen oder großen Vorschriften, die unseren Alltag bestimmen – wir haben uns längst daran gewöhnt, und
zumeist billigen wir sie auch. Aber sie sind und bleiben un-
nötige Einschränkungen der persönlichen Freiheit. Seltsam
nur, dass riskante Sportarten wie Drachenfliegen, Reiten
oder Motorradfahren noch nicht verboten sind, doch muss
man sich deshalb nicht sorgen: Der Staat wird sich schon
noch darum kümmern. Er weiß, dass zu viel Salz oder zu
viel Zucker nicht gesund sind, dass Rauchen tödlich ist
und Alkohol das Leben verkürzt. Und so, wie er den letzten
Rauchern mit ekelerregenden Fotos die Freude vergällt, so
wird er bald auch die Tafel Schokolade mit einem Foto ver-
faulter Zähne schmücken und die Whiskyflasche mit dem
Bild einer Säuferleber.

Wir sind auf dem besten Weg in eine Diktatur der Fürsorge.
Die Liberalutopie des Nachtwächterstaates, der die Rechte
seiner Bürger schützt, verwandelt sich still und leise in die
Sozialutopie des Fürsorgestaates, der seine Bürger zum
richtigen Leben anhält. 1789 erklärte die Nationalversamm-
lung in Paris die Menschenrechte. In Artikel 4 heißt es: «Die
Freiheit besteht darin, dass man all das tun kann, was einem
andern nicht schadet.» Der Kommunismus in seiner Blüte
machte daraus: Die Freiheit besteht darin, dass man all das
tun muss, was jedem Einzelnen und der Gesellschaft nutzt.
Sehr weit sind wir davon nicht mehr entfernt. Und weil wir
schon so lange in einer freien Gesellschaft leben, haben wir
vergessen, wie kostbar und selten Freiheit ist. Gesundheit
und Sicherheit sind uns wichtiger.

Der Fürsorgestaat beruft sich auf den Solidargedanken.
Wenn ich riskant lebe, ohne Fahrrad- oder Skihelm fahre,
wenn ich mich ungesund ernähre und dann auch noch rau-

che, schade ich der Solidargemeinschaft, die für die Behandlung meines Infarkts oder Schädelbruchs aufkommen muss. Diese Logik untergräbt jegliche Freiheit. Denn so gesehen ist nichts, was ich tue, ohne Belang für die Allgemeinheit, die daraus folgert, mich kontrollieren zu dürfen. Diese Logik ist keineswegs so rational, wie sie tut. Sie richtet sich kaum gegen den Raubbau, den die Reichen und Mächtigen an der Solidarität betreiben. Sie richtet sich gegen die kleinen Sünder. Die wachsende Zahl der Verbote, Maßregelungen und Ratschläge, mit denen wir uns gegenseitig zum richtigen, gesunden Leben anhalten, könnte Ausdruck der Tatsache sein, dass uns zwar das Christentum abhandengekommen ist, nicht aber die Sünde. Wir sündigen noch, können Vergebung aber nur noch von unserem Nachbarn erbitten. Der ist selten gnädig.

Die Idee einer durch gegenseitige Erziehung sich selbst ständig verbessernden Gesellschaft ist eine linke Idee. Wenn alle einander helfen und zum richtigen Handeln anleiten, müsste das größtmögliche Glück aller doch erreichbar sein. Die Gesellschaft erscheint als ein Apparat, der perfekt funktionieren würde, wenn man von seinen Antriebskräften genug wüsste, um ihn zu beherrschen, und der Mensch als eine Maschine, die von physiologischen Prozessen gesteuert wird. Das Böse ist keine metaphysisches Faktum, sondern Folge einer Fehlschaltung.

Obgleich sich diese Theorie den Anschein wissenschaftlicher Erwiesenheit gibt, ist sie letztlich nur eine Glaubenssache. Der Konservative jedenfalls wird sie bezweifeln. Im Gegenteil glaubt er daran, dass das Leben durch Mächte geordnet ist, die sich der menschlichen Verfügung weitgehend entziehen. Und der christliche Konservative weiß, dass nicht der Mensch der unumschränkte Herr seines Schicksals ist, sondern Gott.

Die Freiheit des Menschen ist eingebunden in einen größeren Zusammenhang, der durch die Geschichte, durch Herkommen und Sitte bestimmt ist, und die ihm auferlegte Verantwortung richtet sich nach seinem Vermögen, seiner Position, seinem Können, seiner Intelligenz. Denn die Menschen sind – zu ihrem Glück – nicht gleich. Die Gleichheitsideologie jedoch sucht die Schuld für Besonderheiten oder Mängel nicht beim Individuum, sondern im sozialen System. Die Gesellschaft ist Ursache der Benachteiligungen und dafür verantwortlich. Tocqueville sagt: «Sind die gesellschaftlichen Bedingungen alle ungleich, so fällt keine noch so große Ungleichheit kränkend auf; wogegen der kleinste Unterschied inmitten der allgemeinen Gleichförmigkeit Anstoß erregt; deren Anblick wird umso unerträglicher, je durchgehender die Einförmigkeit ist. Daher ist es natürlich, daß mit der Gleichheit selber die Liebe zu ihr unaufhörlich zunimmt; indem man sie befriedigt, steigert man sie.» [68]

Es ist immer wieder hilfreich, den großen Alexis de Tocqueville zu lesen. Ich staune darüber, was dieser Mann in seinem berühmten Buch «Über die Demokratie in Amerika» schon 1835 erkannt hat. Im fünf Jahre später erschienenen zweiten Teil seiner Untersuchung schildert er, wie der Gleichheitsgedanke zu einem zentralistischen Staat tendiert, und gegen Ende wagt er eine Prognose, wie dieser Zentralismus zu einer neuen Despotie führen könnte: «Ich will mir vorstellen, unter welchen neuen Merkmalen der Despotismus in der Welt auftreten könnte: Ich erblicke eine Menge einander ähnlicher und gleichgestellter Menschen, die sich rastlos im Kreise drehen, um sich kleine und gewöhnliche

Vergnügungen zu verschaffen, die ihr Gemüt ausfüllen. Jeder steht in seiner Vereinzelung dem Schicksal aller andern fremd gegenüber: seine Kinder und seine persönlichen Freunde verkörpern für ihn das ganze Menschengeschlecht; was die übrigen Mitbürger angeht, so steht er neben ihnen, aber er sieht sie nicht; er berührt sie, und er fühlt sie nicht; er ist nur in sich und für sich allein vorhanden, und bleibt ihm noch eine Familie, so kann man zumindest sagen, daß er kein Vaterland mehr hat. Über diesen erhebt sich eine gewaltige, bevormundende Macht, die allein dafür sorgt, ihre Genüsse zu sichern und ihr Schicksal zu überwachen. Sie ist unumschränkt, ins einzelne gehend, regelmäßig, vorsorglich und mild. Sie wäre der väterlichen Gewalt gleich, wenn sie wie diese das Ziel verfolgte, die Menschen auf das reife Alter vorzubereiten; statt dessen aber sucht sie bloß, sie unwiderruflich im Zustand der Kindheit festzuhalten ...»[69]

Und Tocqueville fährt fort: «Nachdem der Souverän auf diese Weise den einen nach dem andern in seine mächtigen Hände genommen und nach seinem Gutdünken zurechtgeknetet hat, breitet er seine Arme über die Gesellschaft als Ganzes aus; er bedeckt ihre Oberfläche mit einem Netz verwickelter, äußerst genauer und einheitlicher kleiner Vorschriften, die die ursprünglichsten Geister und kräftigsten Seelen nicht zu durchbrechen vermögen, um sich über die Menge hinauszuschwingen; er bricht ihren Willen nicht, aber er weicht ihn auf und beugt und lenkt ihn; er zwingt selten zu einem Tun, aber er wendet sich fortwährend dagegen, daß man etwas tue; er zerstört nicht, er hindert, daß etwas entstehe ...»[70]

Man wird nicht behaupten wollen, die Brüsseler Behörden glichen diesem von Tocqueville skizzierten Souverän, doch wenn man liest, die Kommission beschäftige 35 000 Beamte und das gesamte Gesetzeswerk umfasse mehr als 50 000 Seiten (nach anderen Angaben 85 000), dann sind die Unterschiede nicht allzu groß.

Doch woran liegt es, dass sich die Bürger nicht wehren? Sie leben ja in einer Demokratie und müssten eigentlich ihre Freiheit lieben. Das schon, sagt Tocqueville, aber stärker ist ihr Bedürfnis, geführt zu werden. Die Freiheit setzt die eigene Initiative voraus, und die Fähigkeit, eigenverantwortlich zu handeln, muss erlernt werden. Und wer diese Kunst gelernt hat, kann sie auch wieder verlernen. Nun merken die Bürger durchaus, dass sie nicht mehr frei sind. Aber, so Tocqueville: «Sie nehmen die Bevormundung hin, indem sie sich sagen, daß sie ihre Vormünder selber ausgewählt haben. Jeder duldet, daß man ihn fessle, weil er sieht, daß weder ein Mann noch eine Klasse, sondern das Volk selbst das Ende der Kette in Händen hält.» [71]

Und Tocqueville schließt mit einer düsteren Prognose für die Zukunft der Demokratie: «In der Tat ist es schwer, sich auszudenken, wie es Menschen, die auf die Gewohnheit eigener Lenkung völlig verzichtet haben, gelingen könnte, diejenigen richtig auszuwählen, die sie führen sollen; und man wird uns nicht glauben machen, daß eine freiheitliche, tatkräftige und weise Regierung jemals aus den Wahlen eines Volkes von Knechten hervorgehen kann.» [72] Wer sich die Wahl Donald Trumps zum amerikanischen Präsidenten vor Augen hält, wird dazu neigen, Tocqueville zuzustimmen. Von Hause aus Aristokrat, war er scharfsichtig genug, um zu erkennen, dass die Adelsherrschaft an ihr verdientes Ende gekommen war. Er sah den Siegeszug der demokratischen Massengesellschaft voraus und beschrieb ihre Risiken und

Chancen in einer Mischung aus Faszination und Befremden. Er war konservativ und zugleich liberal.

Ein Mann wie er wäre heute dringend nötig.

8

Das Gleichheitsversprechen und die Grenzen
des Sozialstaates – Armut und Barmherzigkeit –
Die Verherrlichung der Identität

W as bedeutet Gleichheit? Zunächst ist der Gedanke
christlichen Ursprungs. Vom Apostel Paulus berich-
tet Lukas in der Apostelgeschichte (17,26), er habe, als er auf
dem Areopag stand, zu den Athenern gesagt: «Gott hat aus
einem einzigen Menschen das ganze Menschengeschlecht
erschaffen, damit es die ganze Erde bewohne.» Und in seinem Brief an die Galater (3,28) schreibt Paulus: «Es gibt nicht
mehr Juden und Griechen, nicht Sklaven und Freie, nicht
Mann und Frau; denn ihr alle seid ‹einer› in Christus Jesus.»

Der Philosoph und Soziologe Arnold Gehlen, der diese bi-
blischen Texte in seinem Essay zum Thema Gleichheit zitiert, legt Wert darauf, dass die Gleichheit der von Gott ge-
schaffenen Menschen eine «*metaphysische* Bedeutung» habe,
eben «weil das Christentum ursprünglich eine Erlösungs-
religion ist, in seinem Kern diesseitsabstoßend; so müßte es,
zur Rede gestellt, den weitverbreiteten Gegenwartsglauben
verwerfen, nach dem das Leben der Güter höchstes ist. Eben
deswegen ließ jene metaphysisch verstandene Gleichheit

Raum für alle möglichen historisch gewachsenen oder erzwungenen Ungleichheiten, nicht einmal immer mit Ausnahme der Sklaverei.»[73]

Mir gefällt die schroffe Vokabel «diesseitsabstoßend». Sie beschreibt eine Haltung, die dem gegenwärtigen Christentum abhandengekommen ist. Ich kann das nicht wirklich missbilligen, denn auch ich bin, um ehrlich zu sein, ein diesseitiger Mensch. Und doch hoffe ich, gewissermaßen heimlich, dass die Christen für eine andere Botschaft geradestehen, dass sie die Frage der Gleichheit nicht auf die Tabellen des Statistischen Bundesamtes reduzieren, sondern jenen metaphysischen Gedanken hinzufügen, von dem Gehlen spricht: dass nämlich das diesseitige Wohlergehen nicht das höchste Gut ist. Wichtig scheint mir sein Hinweis, dass in der christlichen Gleichheitsidee die materiellen Lebensverhältnisse zwar eingeschlossen sind, aber keineswegs an erster Stelle stehen. Die Spannung zwischen Diesseits und Jenseits ist im Lauf der Glaubensgeschichte unterschiedlich interpretiert worden – von der Idee, irdischer Reichtum sei ein Hindernis auf dem Weg ins Paradies, bis hin zu der Vermutung, ein im christlichen Geist und im christlichen Namen erzielter ökonomischer Erfolg werde Gott gefällig sein. Der Puritanismus hat daran lange geglaubt. Unsere modernen Zeiten haben diesen heilsgeschichtlichen Gedanken in eine Säkularreligion verwandelt. Und diese allseits bekömmliche Religion muss nun, weil sie an ein Jenseits nicht mehr glaubt, das Glück – oder jedenfalls ein Wohlbefinden – im Diesseits versprechen, und zwar prinzipiell allen.

Das in Wahrheit unerfüllbare Versprechen mündet in einen Anspruch, den Arnold Gehlen so beschreibt: «Man empfindet heute Differenzierungen und Ungleichheiten in der

Sicherheit oder Versorgung als unerträglich, ebenso in der Zuteilung von Lebenschancen, in Prestigefragen; in all diesen Fällen geht der rechtlichen Gleichbehandlung die Ausgleichsidee *vorher*, im Sinne eines Anspruchs auf dasselbe, was die anderen haben oder sind.» Und daraus folge, «daß jeder *menschliche Lebensausdruck so etwas wie einen gleichgeordneten Daseinswert mit jedem anderen erhält*. Mit anderen Worten: Das schlechthin Vorhandene ist *schon deswegen moralisch* legitimiert, denn aus der Ethisierung des Lebenswertes und der natürlichen Gleichheit der Menschen und ihrer Äußerungen folgt eine *Sanktionierung des Vorhandenen, weil es vorhanden ist*. Unmoralisch ist nur, irgendeiner Sache das Daseinsrecht zu bestreiten oder gar die Grundideen der Gleichheit und Freiheit oder des Massenlebenswertes in Frage zu stellen. Hier liegt eine ganz tiefe moralische Transformation vor, von bisher erstmaliger Art.»[74]

Es ist bemerkenswert, dass der zitierte Essay schon 1966 geschrieben wurde, und als ich ihn jetzt las, fiel mir abermals auf, wie sehr ich ein Kind meiner Zeit bin. Denn natürlich (natürlich?) finde ich die Abgründe zwischen Arm und Reich gespenstisch, die Gehälter ganz oben schwindelerregend und die Zunahme von Unwissenheit und Verwahrlosung ganz unten bedrückend. Während die Recheneinheit von Staatshilfen für selbstverschuldet fallierende Banken bei einer Milliarde beginnt, endet sie für unverschuldet ins Abseits Geratene bei tausend. Während Martin Winterkorn, der ehemalige Vorstandsvorsitzende des VW-Konzerns, trotz seiner vermutlichen Mitverantwortung für den Diesel-Skandal, trotz der daraus entstandenen Milliardenverluste, eine Altersversorgung von umgerechnet täglich 3100 Euro erhält, kriegt ein Arbeitnehmer, der die Höchstrente bezieht (was selten der Fall ist), täglich 60 Euro.

Warum empört mich das? Nicht aus Gründen des Neides. Ich wüsste gar nicht, wie es zu schaffen wäre, jeden Tag 3100 Euro auszugeben. Meine Wünsche, soweit ich sie kenne, wären binnen kurzem erfüllt. Vielleicht würden sie mit ihrer Erfüllung wachsen, das könnte immerhin sein. Ich glaube jedoch, meine Empörung (und die vieler Zeitgenossen) hat einen anderen Grund. Er hängt mit dem Gleichheitsanspruch zusammen, den Tocqueville und Gehlen vorausgesehen haben. Man muss sich dabei vor Augen halten, dass die Lebens- und Glückschancen in einer ökonomisierten Gesellschaft vom Einkommen abhängen und, da eine Transzendenz ausgeschlossen ist, von nichts anderem.

Das Reich der Möglichkeiten wächst mit der Menge des Geldes, das jemand hat. Es geht nicht eigentlich darum, dass sich der Minderbemittelte danach sehnt, eine Yacht zu besitzen, sondern darum, dass diese Option für ihn nicht in Frage kommt, während manche Leute sie haben. Und welche Leute das sind, weiß man in Zeiten der geforderten und teilweise schon realisierten Transparenz ziemlich gut. Ranglisten der Reichen, Tabellen mit dem Einkommen von Konzernchefs werden gerne gedruckt und gerne gelesen. Das befördert die Empörungslust. Sie ist insofern neu, als der Unterschied zwischen Arm und Reich ein ewiges Phänomen ist, das die Phantasien immerzu beflügelt hat. In den Märchen kann man sie nachlesen. Mit Neid jedoch waren sie nie verbunden. Dass der König von goldenen Tellern aß, verstand sich von selbst. Es gehörte sich so. Und er aß davon nicht zu seinem Vergnügen, sondern weil es seine Position erforderte. Lange Zeit war es selbstverständlich, dass einige reich waren und folglich Möglichkeiten in ihrer Reichweite lagen, die anderen verschlossen blieben. Man nahm das hin.

Ein derartiger Gleichmut ist mit der Ausdehnung des Gleichheitsgebots nahezu völlig verschwunden. Es durchzusetzen wäre Sache des Sozialstaats. Der aber gerät an seine Grenzen. Ganz abgesehen davon, dass er in vielen Ländern nach den Maßstäben eines ehrbaren Kaufmannes längst pleite ist: Man muss sich darüber im Klaren sein, dass es nicht in seiner Macht liegt, das Ideal der materiellen Gleichheit zu realisieren. Seine Fürsorge, deren Ausmaß historisch gesehen einzigartig ist, hat die Armut zwar gemildert, aber nicht beseitigt.

Es war Hegel, der in der staatlichen Wohltätigkeit ein grundsätzliches Problem sah. In Paragraph 245 seiner Rechtsphilosophie sagt er: «Wird der reicheren Klasse die direkte Last auferlegt [...], die der Armut zugehende Masse auf dem Stande ihrer ordentlichen Lebensweise zu erhalten, so würde die Subsistenz der Bedürftigen gesichert, ohne durch die Arbeit vermittelt zu sein, was gegen das Prinzip der bürgerlichen Gesellschaft und des Gefühls ihrer Individuen von ihrer Selbständigkeit und Ehre wäre.»[75]

Hegel schrieb das 1821, vor fast zweihundert Jahren. Bis heute bildet Arbeit die Basis von «Selbständigkeit und Ehre». Der Empfänger staatlicher Fürsorge ist zwar befreit von unmittelbarer Not, aber bedroht in seiner Selbstachtung. Nicht nur er. Auch der Steuerzahler, der Angehörige der staatstragenden Mittelschicht, fühlt sich in seiner Selbstachtung bedroht, weil er sich um die Früchte eigener Arbeit gebracht sieht, ohne zu jenen, die davon profitieren sollen, je in ein näheres Verhältnis zu treten. Er hat das Gefühl, einen Apparat zu mästen, der immer unübersichtlicher, unbegreiflicher wird.

Dass unser Steuersystem schon deshalb nicht gerecht ist, weil kaum einer es noch versteht, darauf hat der frühere Verfassungsrichter Paul Kirchhof immer wieder und vergeblich hingewiesen. Die Steuerflüchtlinge, die, sofern sie jemals erwischt werden, eine staatsanwaltliche Verfolgung und eine öffentliche Bloßstellung zu fürchten haben, sind ja nur die eine und kleinere Seite des Problems. Die andere dokumentiert eines der erfolgreichsten Bücher, die es je gegeben hat: die jährlich aktualisierte Auflage des Bestsellers «1000 ganz legale Steuertricks» des mittlerweile (2013) verstorbenen Franz Konz. Strategien der Steuervermeidung sind in die Logik des Systems unsichtbar eingebaut, und nur der Fachkundige wird sie verstehen und nutzen können. Wer zu träge oder zu dumm dafür ist, zahlt mehr, als er eigentlich müsste. Was bedeutet, dass unser Steuersystem den Gleichheitsgrundsatz in seinem Kern verletzt. Es ist erstaunlich, dass sich die Öffentlichkeit mit diesem Skandal ohnmächtig abgefunden hat. Es liegt wohl daran, dass es «Öffentlichkeit» auf diesem Gebiet nicht gibt, denn Interessengruppen der unterschiedlichsten Art zerren an diesem undurchschaubaren Netz, um von Fall zu Fall einen kleinen Vorteil zu erlangen, der dann in der nächsten Steuerreform durch den Sieg einer gegnerischen Interessengruppe konterkariert wird. Was bedeutet, dass den «1000 ganz legalen Steuertricks» eine quasi unendliche Zukunft bevorsteht.

Der Gleichheitsgedanke ist also schon steuerrechtlich eine Chimäre. Hinter ihn zurückzugehen hieße jedoch, hinzunehmen oder gar zu billigen, dass jedes System seine Opfer fordert. Der Konservative wird sich damit nicht abfinden wollen. Er weiß, dass aus der christlichen «Erfindung des Individuums» (Siedentop) die ursprüngliche Gleichheit aller Menschen hervorgeht, unabhängig von Stand oder Rasse.

Er sieht allerdings auch, dass die Verrechnungslogik des Sozialstaats, die keine konkreten Menschen kennt, sondern nur abstrakte Geber und Nehmer, den humanitären Impuls beschädigt. An dessen Stelle tritt der Rechtsanspruch des Staatsbürgers. Der Verlust der Ehre, um mit Hegel zu reden, ist damit aber keineswegs aufgehoben. Denn es macht einen Unterschied, ob ich als Rentner Nutznießer eines Solidarsystems bin, zu dem ich meinen Teil beigetragen habe, oder ob ich eigene Leistungen nie erbracht habe oder nie habe erbringen können. Derlei Beitrag würde man von Kindern oder Geistesschwachen nicht verlangen, aber mit denen auf einer Stufe zu stehen ist demütigend. Mangel an Anerkennung jedoch führt zum Schwund der Selbstachtung, der nicht selten durch eine Art Emigration beantwortet wird, sei es intern durch Krankheit oder Sucht, sei es extern durch Kriminalität oder politische Radikalisierung. Auch wenn der Anspruch auf gleiche Grundbedingungen für jedermann nie erfüllt wurde und, realistisch betrachtet, auch nie erfüllt werden wird, so ist er damit noch nicht erloschen und die Frage, was aus jenen werden soll, die Hegel herzlos «Pöbel» nennt, nicht beantwortet.

Wilhelm von Humboldt hat schon 1792, in seinen «Ideen zu einem Versuch, die Grenzen der Wirksamkeit des Staats zu bestimmen», die Beobachtung gemacht, dass sich das Ausmaß privater Tugend umgekehrt proportional zum Ausmaß staatlicher Fürsorge verhält. Je stärker der Bürger als anonymer Steuerzahler verpflichtet wird, umso mehr sinkt seine Neigung zu nachbarschaftlicher Anteilnahme und Zuwendung. Die Verstaatlichung der Tugenden kann nicht gelingen, und der Wunsch, die Bedürftigen sollten mit einem gewissen Stolz das ihnen Zustehende in Anspruch nehmen dürfen, ist unerfüllbar: Sie wollen nicht bloß Geld, sondern auch Anerkennung. Stattdessen müssen sie auf den Wartebänken der Sozialämter die Erfahrung machen, dass sie lediglich ein Aktenvorgang sind.

Anerkennung ist deshalb ein knappes Gut, weil es nicht in meinem Ermessen steht, sie zu bezeugen. Der andere muss mir in einer konkreten Weise begegnen, als Nachbar, als Mitmensch. Wenn dies nicht gelingt oder gelingen kann, gibt es nur zwei Möglichkeiten. Die erste: Ich helfe ihm in vorausschauendem Eigeninteresse, weil der soziale Friede auch mir und meinen Kindern nutzt. In diesem Gedanken steckt die eigentliche Kälte des Sozialstaats. Ich delegiere das Problem an einen Apparat, der seiner Logik nach nicht das einzigartige Individuum wahrnimmt, sondern den typischen Fall registriert.

Zweite Möglichkeit: Ich helfe aus Mitleid oder Großherzigkeit. Dass dieses Motiv in Verruf gekommen ist, obwohl es im Katalog christlicher Tugenden an vorderster Stelle steht, ist das eigentliche Problem der Gleichheitsidee. In deren Verständnis verstößt das Almosen gegen den Rechtsanspruch. Weil der aber nie vollständig realisiert werden kann, muss die Gesellschaft darauf hinwirken, dass die Tugend der Barmherzigkeit nicht ausstirbt. Es ist nämlich keineswegs ein Gesetz, dass dem Stolz des Gebenden die Schande des Nehmenden korrespondiert. Dies wäre nur dann der Fall, wenn wir den Gleichheitsgedanken so exzessiv auslegten, dass jegliche Form des mildtätigen Hinabbeugens oder hilfesuchenden Emporblickens als Verstoß gegen die Menschenwürde zu betrachten wäre, was aller Erfahrung widerspricht.

Wenn man hingegen akzeptieren könnte, dass Ungleichheit zu den fundamentalen menschlichen Existenzialien zählt, gewönne die Tugend der Barmherzigkeit ihr altes Gewicht zurück. Sie würde den Sozialstaat, der trotz allem ein Gewinn bleibt, nicht ersetzen, sondern ergänzen. Fast alle Religionen legen auf die Barmherzigkeit größten Wert. Dass Geben seliger sei als Nehmen, steht in der Bibel. Der berühmte Satz, eher gelange ein Kamel durchs Nadelöhr als ein Reicher in den Himmel, hat die Theologen immer wieder beschäftigt.

In dem Roman «Tagebuch eines Landpfarrers» von Georges Bernanos (1936) diskutieren zwei Priester über die Würde der Armut. Jesus, so sagt der eine, habe die Armut geheiligt, und folglich müsste es die Aufgabe der Kirche sein, den Armen die Armut zu predigen. Aber er gesteht sich ein, dass er diesen Gedanken nicht ertragen könne, lieber würde er den Armen den Aufstand predigen.[76] «Die Kirche ist der Schutz der Armen, das steht fest. Es ist gar nicht schwierig. Jeder mitfühlende Mensch gewährt ihnen mit ihr gemeinsam Beistand. Sie dagegen ist die einzige, wohlverstanden: ohne Ausnahme die einzige, die die Ehre der Armut wahrt.»[77]

Ein atheistischer Armenarzt entgegnet: «Wißt ihr, was ich euch vorwerfe, euch Priestern? [...] Nach zwanzig Jahrhunderten Christentum, Himmeldonnerwetter, dürfte es doch keine Schande mehr bedeuten, arm zu sein! Nein, ihr habt euren Christus verraten! Mein Gott, guter Gott! Ihr verfügt doch über alles, was man braucht, um die Reichen zu demütigen und zur Pflichterfüllung zu zwingen. Die Reichen dürsten doch nach Achtung, je reicher sie sind, um so mehr.»[78] Diese Macht haben die Kirchen längst verloren, und von der Würde der Armut zu sprechen käme ihnen nicht in den Sinn. Es wäre ein Skandal.

Der Gedanke der Gleichheit ist wesentlich mit dem der Anerkennung verbunden. Anerkennung steht jedem zu – im
Gegensatz zur Ehre, die nur wenige auszeichnet, sei es wegen
der Abkunft und des Herkommens, sei es wegen besonderer
Leistungen. Die Ehre verliert umso mehr an Wert, je häufiger sie zuerkannt wird. Bekäme jeder das Bundesverdienst-
kreuz, wäre es keine Auszeichnung mehr. Die Anerkennung
jemandem zu verweigern, der als Mitmensch vor mir steht,
verstieße gegen den Gedanken der Menschenwürde. In seinem Buch «Multikulturalismus und die Politik der Anerkennung» schreibt der kanadische Philosoph Charles Taylor:

«Die Politik der allgemeinen Menschenwürde beruht auf der
Idee, daß alle Menschen gleichermaßen geachtet werden
sollen. Dem liegt, auch wenn wir uns vielleicht scheuen,
diesen ‹metaphysischen› Kontext ins Auge zu fassen, eine
bestimmte Vorstellung davon zugrunde, was an den Menschen besondere Achtung verdient. Für Kant, der den Begriff *Würde* in diesem Zusammenhang schon sehr früh und
mit nachhaltiger Wirkung verwendete, lag das Achtungs-
gebietende an den Menschen darin, daß sie zu vernünftigem
Handeln fähig sind, dazu, ihr Leben von Grundsätzen leiten
zu lassen. [...] Was hier als wertvoll hervorgehoben wird, ist
ein *universelles menschliches Potential*, eine Fähigkeit, die allen
Menschen gemeinsam ist. Dieses Potential und nicht das,
was der Einzelne aus ihm macht oder gemacht hat, sichert
jedermann Achtung. Und wir dehnen unseren Schutz auch
auf solche Menschen aus, die infolge irgendwelcher Umstände nicht in der Lage sind, ihr Potential in der üblichen
Weise zu verwirklichen – auf Behinderte zum Beispiel oder
auf Menschen, die im Koma liegen.»[79]

Dem nun steht eine neue Entwicklung entgegen, die Politik der Identität. Mit Identität ist nicht gemeint, dass ich ein Mensch bin, sondern dass ich beispielsweise dunkelhäutig, weiblich oder homosexuell bin. Taylor spricht von einer «individualisierten Identität»[80], und er schildert die Entstehung dieses Gedankens bei Rousseau und Herder. Nun geht es nicht mehr darum, dass Allgemeinmenschliche in sich auszubilden, sondern das je Eigene. Nur wenn ich auf meine innere Stimme höre, bin ich imstande, mich selbst zu verwirklichen. Und diese innere Stimme, so Taylor, erscheine als gefährdet, «etwa durch den äußeren Konformitätsdruck, aber auch dadurch, daß ich, wenn ich mich bloß instrumentell zu mir verhalte, womöglich die Fähigkeit verliere, auf die innere Stimme zu hören. Das Ideal erweitert die Bedeutung des Selbstbezugs noch, indem es das Prinzip der Originalität einführt: die Stimme jedes Menschen hat etwas Unverwechselbares mitzuteilen. Nicht nur, daß ich mein Leben nicht nach den Erfordernissen äußerlicher Konformität gestalten *soll* – außerhalb meiner selbst *kann* ich gar kein Modell dafür finden, wie ich mein Leben leben soll. Ich kann dieses Modell nur in mir selbst finden. Mir treu zu sein bedeutet: meiner Originalität treu zu sein, und sie kann nur ich allein artikulieren und entdecken. Indem ich sie artikuliere, definiere ich mich.»[81]

Hier haben wir den Kern einer Identitätspolitik, die den Gleichheitsgedanken letztlich auflöst. Er besteht dann nur noch im Anspruch auf Anerkennung der Differenz. Dieser Anspruch geht sehr weit. Denn er behauptet, meine Identität sei durch einen historisch zurückliegenden Anerkennungsmangel noch immer bedroht, etwa dadurch, dass ich als Schwarzer oder als Frau von der Geschichte des Kolonialismus oder des Patriarchats bis heute derart beschädigt bin, dass ich einen Anspruch auf Wiedergutmachung habe, dass ich geradezu genötigt bin, alle Zeugnisse, die diese Unheilsgeschichte kommentarlos abbilden, als Kränkung zu empfinden. Man kennt ja die Berichte von amerikanischen Universitäten, wo identitätspolitisch erregte Studenten den klassischen Lektürekanon ablehnen und warnende Hinweise auf Bücher verlangen, die geeignet sein könnten, sie in ihrem Selbstbild zu verletzen.

Es lohnt sich nicht, diese Exzesse der Political Correctness näher zu schildern. Ich begnüge mich damit, auf den grandiosen tragischen Roman «Der menschliche Makel» (2002) von Philip Roth hinzuweisen, dessen Held ein Schwarzer ist und der den täglichen Rassismus am Beispiel seines Vaters bitter erfahren hat. Da er relativ hellhäutig ist, gibt er sich als Jude aus. Dieser Professor der Altphilologie wird von den Studenten und schließlich vom Kollegium seiner Universität des Rassismus gegen Schwarze angeklagt, einer unbedeutenden, unbedachten Äußerung wegen, die er mit dem Ausdruck des Bedauerns zurücknehmen könnte. Was er aber nicht kann, weil er dann zugeben müsste, dass seine soziale und berufliche Existenz auf einer Verleugnung seines Herkommens beruht. Er, der Schwarze, wird das Opfer einer Intrige von Weißen, die sich des Instruments der Political Correctness bedienen, um persönliche Interessen zu verfolgen.

Den Wettlauf um Anerkennung gewinnt, wer als Erster den Opferstatus behauptet. Das Problem dabei ist, dass die wirklichen Opfer der Gesellschaft, die Armen, die an den Rand Geratenen, die Entrechteten und die Sprachlosen, von der Debatte ausgeschlossen sind. Mark Lilla, Professor für Ideengeschichte an der Columbia-Universität, hat diese

Fixierung auf «Identity Liberalism» für die Niederlage von Hillary Clinton verantwortlich gemacht. In einem vieldiskutierten Beitrag für die «New York Times»[82] sagt er: Als Clinton den identitätspolitischen Forderungen gefolgt sei, habe sie den Gedanken der nationalen Bestimmung, des nationalen Gemeinwohls aufgegeben und die Wähler der Mitte verloren. Mark Lilla schreibt: «Die Fixierung unserer Schulen und Medien auf Vielfalt hat eine Generation von Linken und Fortschrittlichen hervorgebracht, die auf narzisstische Weise unfähig sind, die Lebensbedingungen außerhalb ihrer selbstdefinierten Gruppe wahrzunehmen, und denen die Aufgabe, den durchschnittlichen Amerikaner anzusprechen, gleichgültig ist. Schon in frühestem Alter werden unsere Kinder, noch bevor sie eine haben, dazu angehalten, über ihre besondere Identität zu reden.» Und er fügt warnend hinzu: «Die Linken sollten sich daran erinnern, dass die erste identitäre Bewegung in der amerikanischen Politik der Ku-Klux-Klan gewesen ist, den es ja noch gibt. Wer das Identitätsspiel spielt, muss damit rechnen, dass er es verliert.»[83]

Wir müssen aber gar nicht nach Amerika gehen, um den Wechsel von einer am Gesamtwohl interessierten Debatte zu einer identitätspolitischen zu verfolgen. In Bundesländern, wo die Grünen mitregieren, gibt es Versuche, die Gender-Ideologie in die Lehrpläne einzufügen. Die Kinder sollen nicht allein den Respekt vor abweichenden sexuellen Orientierungen lernen, sondern auch frühzeitig die Chance erhalten, aus dem reichhaltigen Katalog der geschlechtlichen Optionen das für sie Passende auszuwählen. Ich gestehe, dass mir die Großbuchstaben lange ein Rätsel waren, und weil es Leser geben mag, die ähnlich unwissend sind, zitiere ich aus den wahrhaft erschöpfenden Informationen von Wikipedia:

«LGBT (auch GLBT und LSBTTIQ) ist eine aus dem englischen Sprachraum kommende Abkürzung für Lesbian, Gay, Bisexual und Transgender, also Lesben, Schwule, Bisexuelle und Transgender. Die in Deutschland manchmal verwendete Abkürzung LSBTTIQ steht für lesbische, schwule, bisexuelle, transgender, transsexuelle, intersexuelle und queere Menschen.» In einer Tabelle listet der Beitrag nicht weniger als 23 verschiedene Geschlechter auf. Ich glaube, dass die Frage der geschlechtlichen Neigungen Privatsache und ihre öffentliche Erörterung untunlich ist. Jedenfalls sollte sie nicht Gegenstand staatlicher Förderung sein. In Deutschland gibt es mehr als 200 Professuren für Genderforschung, und es ist klar, dass das dort Erforschte Eingang in die Lehrpläne und in den amtlich vorgeschriebenen Sprachgebrauch finden will und schon gefunden hat.

Toleranz zu üben gegenüber Menschen einer anderen sexuellen Orientierung ist zweifellos wichtig, doch sollte man nicht so tun, als folge die selbstbestimmte Wahl ausschließlich jener «inneren Stimme», von der Charles Taylor spricht. Was wir sind, entsteht erst im Dialog mit anderen. «Wir erwerben die Sprachen, die wir zur Selbstdefinition benötigen, nicht ‹von selbst›. Wir werden in ihren Gebrauch im Umgang mit anderen Menschen, die wichtig für uns sind, eingeführt – durch die Interaktion mit denen, die George Herbert Mead die ‹signifikanten Anderen› genannt hat. [...] Wir bestimmen unsere Identität stets im Dialog und manchmal sogar im Kampf mit dem, was unsere ‹signifikanten Anderen› in uns sehen wollen.»[84] Das heißt, dass unsere Identität – also auch die geschlechtliche, gendermäßige – vom gesellschaftlichen Diskurs mitbestimmt wird. Nichts anderes behauptet ja die Gender-Theorie. Doch indem sie die möglichen Identitäten immer weiter ausdifferenziert, legt sie zugleich eine potenziell endlose Vielfalt von Optionen nahe, aus denen dann wie in einem Warenhaus auszuwählen wäre, die unter Umständen wieder zurückgegeben und gegen andere ausgetauscht werden könnten. Es wäre aber in meinen Augen falsch, aus solchen Bestimmungen, wie immer sie zustande kommen und ausfallen, eine Maßgabe für staatliches Handeln abzuleiten. Der Staat muss, soweit er überhaupt dazu imstande ist, das Gemeinwohl befördern und sich jenen Fragen widmen, die für die Gesamtheit der Bürger und ihre Zukunft von Belang sind. Er verfehlt seine Aufgabe, wenn er versucht, den potenziell unendlichen Partialinteressen gerecht zu werden.

Zum Thema «Political Correctness» will ich auf eine Debatte hinweisen, die sich 2012/2013 abgespielt hat und deren Teilnehmer ich gewesen bin. Es ging um die sprachliche Reinigung von Kinderbüchern. 2012 hatten deutsche Verlage angekündigt, ihre Kinderbuch-Klassiker zu überarbeiten und Formulierungen, die als verletzend empfunden werden könnten, durch neutrale zu ersetzen. Klaus Willberg vom Thienemann Verlag, der die Bücher von Michael Ende und Otfried Preußler verlegt, erklärte damals die Absicht, «veraltete und politisch nicht mehr korrekte Begrifflichkeiten» zu entfernen. Gemeint war zum Beispiel Otfried Preußlers Buch «Die kleine Hexe». Darin verkleiden sich die Kinder als Neger, Chinesenmädchen und Türke. Diese Begriffe sollten nach Willbergs Willen verschwinden: «Die Kinder werden sich als etwas anderes verkleiden.» Doch als was? Als Indianer, Zigeuner oder Eskimo können sie auch nicht gehen, das wäre diskriminierend, ein Dornröschen wäre sexistisch, ein Scheich islamfeindlich. Und Hexe geht ja schon lange nicht mehr. Vielleicht Pirat? Pippis Herzenswunsch ist es, Seeräuber zu werden. Einstweilen ist die Heldin von Astrid

Lindgrens legendärer Trilogie «Pippi Langstrumpf» lediglich «Negerprinzessin». Das heißt, sie war es. Der Oetinger Verlag hat schon vor Jahren alle «Neger» entfernt. Heute ist Pippi «Südseeprinzessin». Damals, Mitte der vierziger Jahre, als der erste Band in Schweden erschien, sei der Begriff noch nicht verletzend gewesen, sagt der Verlag, heutzutage könne man ihn so nicht stehenlassen.

Die damalige Familienministerin Kristina Schröder hat auf die Frage, wie sie mit dem «kleinen Neger» umgehen würde, der gleich zu Beginn in Michael Endes Roman «Jim Knopf und Lukas der Lokomotivführer» auftaucht, geantwortet, sie würde daraus beim Vorlesen «ein Baby mit schwarzer Hautfarbe» machen. Schauen wir uns die Szene an. Auf der Insel Lummerland, die unter der Regentschaft von König Alfons dem Viertel-vor-Zwölften von Frau Waas, Herrn Ärmel und Lukas dem Lokomotivführer bewohnt wird, kommt eines Tages ein Paket an. Man öffnet es: «‹Ein Baby!›, riefen alle überrascht, ‹ein schwarzes Baby!› – ‹Das dürfte vermutlich ein kleiner Neger sein›, bemerkte Herr Ärmel und machte ein sehr gescheites Gesicht.» Frau Schröder würde übersetzen: «‹Ein Baby!›, riefen alle überrascht, ‹ein schwarzes Baby!› – ‹Das dürfte vermutlich ein Baby mit schwarzer Hautfarbe sein›, bemerkte Herr Ärmel und machte ein sehr gescheites Gesicht.»

Herr Ärmel ist ein Mann von großer Güte und kleinem Verstand, aber so blöde dann doch nicht. Und der Witz der Szene verschwindet. Denn der eigentliche Schwarze auf Lummerland ist Lukas, der täglich mit seiner Lokomotive auf der Insel herumfährt und den Ruß nie ganz von der Haut kriegt, trotz seiner «besonderen Lokomotivführerseife». Er bleibt also schwarz, «aber wenn er lachte, sah man in seinem

Mund prächtige weiße Zähne blitzen. Außerdem trug er im linken Ohrläppchen einen kleinen goldenen Ring.» Man sieht: Lukas ist der Karnevalsneger, Jim Knopf ist der richtige Neger. Wer da mit Korrekturen anfängt, darf gar nicht mehr aufhören. Das gilt erst recht für «Pippi Langstrumpf».

Der Antisemitismus- und Rassismusforscher Wolfgang Benz hat vor einiger Zeit entdeckt, Astrid Lindgrens Buch sei «mit Ressentiments befrachtet» und von «Kolonialrassismus» gezeichnet. Beweis dessen: Pippi behaupte, alle Menschen im Kongo lögen. Ja, sie sagt das, und es kommt so: Pippi geht eines Tages auf der Straße rückwärts. Von den Nachbarskindern Thomas und Annika darauf angesprochen, antwortet sie: «Leben wir etwa nicht in einem freien Land? Darf man nicht gehen, wie man möchte?» In Ägypten zum Beispiel, wo sie schon einmal gewesen sei, gingen alle Menschen so, und in Hinterindien liefen sie auf den Händen. «‹Jetzt lügst du›, sagte Thomas. Pippi überlegte einen Augenblick. ‹Ja, du hast recht, ich lüge›, sagte sie traurig. ‹Lügen ist hässlich›, sagte Annika. ‹Ja, Lügen ist sehr hässlich›, sagte Pippi noch trauriger. ‹Aber ich vergesse es hin und wieder, weißt du. Und übrigens›, fuhr sie fort, und sie strahlte über ihr ganzes sommersprossiges Gesicht, ‹will ich euch sagen, dass es im Kongo keinen einzigen Menschen gibt, der die Wahrheit sagt. Sie lügen den ganzen Tag. Sie fangen früh um sieben an und hören nicht eher auf, als bis die Sonne untergegangen ist›.»

Selbstverständlich ist es die Aufgabe eines Rassismusforschers, Rassismus ausfindig zu machen, aber er sollte sein Augenmerk vielleicht lieber auf die Realität richten als auf die Fiktion. «Pippi Langstrumpf» ist nämlich nicht nur ein Kinderbuch, sondern auch ein literarisches Meisterwerk. Es spielt virtuos mit verschiedenen Ebenen von Wahrheit und

Wirklichkeit. Wenn Pippi zugibt, dass sie leider oft lüge, und zugleich behauptet, dass alle Kongolesen lögen, erinnert sie an das berühmte Paradoxon: «Epimenides, der Kreter, sagte: Alle Kreter lügen.»

Dem Wegfall der Negerprinzessin haben Lindgrens Erben zugestimmt. Man will keinen Ärger. Es ist aber sonnenklar, dass Pippis «Neger» nichts anderes sind als eine haltlos-unschuldige Spielerei mit jenem Phantasma des naiven Naturvolks, das schon Gauguin umgetrieben hat. Pippi fährt in die Südsee, wo es bekanntlich keine Schwarzen gibt, weshalb Kritiker bemerkt haben, man müsse «Polynesier» sagen. Das steht aber nicht bei Lindgren. Da steht «negerprinsessa», und an einer Stelle sagt Pippi: «Ich werde einen eigenen Neger haben, der mir jeden Morgen den ganzen Körper mit Schuhcreme putzt. Damit ich ebenso schwarz werde wie die anderen Negerkinder. Ich stelle mich jeden Abend zum Putzen raus, zusammen mit den Schuhen.» Das verstehen heute, da in fast keinem Hotel mehr die Schuhe geputzt werden, selbst Erwachsene nicht.

Die Bedeutung von «Neger» hat sich gewandelt. Heute ist es ein herabsetzender Begriff, der sich im respektvollen Umgang verbietet. Und ich kann gut damit leben, dass der «Negerkuss», den ich als Kind liebend gerne aß, so nicht mehr heißen darf. In einem literarischen Text aber kann er erlaubt sein, denn jeder Sprachgebrauch ist geprägt von den Zeitumständen. In Schillers Drama «Die Verschwörung des Fiesco zu Genua» tritt ein Schwarzer auf: «Muley Hassan, Mohr von Tunis. Die Physiognomie eine originelle Mischung von Spitzbüberei und Laune». Er versucht erfolglos, Fiesco zu erdolchen. Für Geld tut er alles, und für eine höhere Prämie wechselt er auf Fiescos Seite. Davor sagt er: «Herr, einen

Schurken könnt Ihr mich schimpfen, aber den Dummkopf verbitt ich.» Darauf Fiesco: «Ist die Bestie stolz. Bestie, sprich, wer hat dich gedungen?» Vielleicht ist es gut, dass das Stück heute fast nicht mehr gespielt wird. Andererseits ist der Begriff Mohr so erkennbar altmodisch, dass man ihm eine unheilvolle Wirkung kaum noch unterstellt.

Winston Smith, der Held von George Orwells Roman «1984», ist Angestellter im sogenannten Wahrheitsministerium. Seine Aufgabe besteht darin, Bücher und Zeitungsberichte umzuschreiben, also rückwirkend zu verfälschen. Seine Freundin Julia ist jünger als er, sie ist unter dem Regime des Großen Bruders aufgewachsen. Eines Tages sagt er zu ihr: «Ist dir klar, dass die Vergangenheit [...] tatsächlich ausgelöscht worden ist? [...] Alle Dokumente sind entweder vernichtet oder gefälscht worden, jedes Buch hat man umgeschrieben, jedes Gemälde neu gemalt, jedes Denkmal, jede Straße und jedes Gebäude umbenannt, jedes Datum geändert. [...] Die Historie hat aufgehört zu existieren.»[85]

So weit sind wir glücklicherweise nicht. Es ist nicht Orwells Großer Bruder, der interveniert, sondern der Kleine Bruder politische Korrektheit. Dessen rastlose Tätigkeit sollte man aber nicht unterschätzen. Er realisiert sich im Tun jener oftmals staatlich bestallten Tugendwächter, die in höherem Auftrag, sei es Feminismus, Antisexismus oder Antirassismus, agieren und die mit ideologisch geschärftem Nachtsichtgerät Abweichungen vom Pfad der Gerechten aufdecken. – Diese Bemerkungen zum Kinderbuchstreit habe ich 2013 in weit ausführlicherer Form in der «Zeit» veröffentlicht.[86] Ich erlebte daraufhin den ersten Shitstorm meines Lebens, eine interessante Erfahrung, die ich durchaus missen möchte.

Die potenziell unendliche Erweiterung privater Anschauungen und Lebensziele mit dem Anspruch öffentlicher, gar staatlicher Anerkennung begegnete mir während eines Diskussionsabends zum Thema Tierrechte. Offenkundig ist die mit kriminellen Methoden betriebene und von der EU geförderte Massentierhaltung ein Skandal, dessen schon viele Dezennien während Dauer unter anderem der seit je starken Lobby der Agrarindustrie zuzuschreiben ist. Insoweit waren die rund 400 Zuhörer dieses Abends (und auch ich) mit dem Philosophen Richard David Precht und der Tierrechtlerin Hilal Sezgin selbstverständlich einig. Was mich jedoch verblüffte, war die Tatsache, dass die Versammlung aus Vegetariern und Veganern darin übereinstimmte, dass es zwar in der Tierwelt Grausamkeit gebe (der Wolf reißt das Schaf), dass aber der Mensch Tiere keinesfalls töten dürfe. Denn auch das Tier leide Schmerz und habe Rechte, wobei nicht näher bestimmt wurde, wie weit nach unten diese Rechte reichen sollen, und ich erinnerte mich an meine leider erfolglosen Kämpfe gegen die Schnecken im Garten. Und fragte mich, der ich eine größere Nähe zu Pflanzen als zu Tieren empfinde, ob nicht zum Beispiel Bäume als Lebewesen betrachtet werden müssten, die Schmerz oder etwas Ähnliches empfinden, wenn sie gefällt und zu Möbeln verarbeitet werden.

Im Lauf des Abends wurde ich mit der Kritik des «Speziesismus» bekannt gemacht, einer mir bislang unbekannten «Philosophie», die analog der Kritik des Sexismus und des Rassismus in der Tatsache einen Skandal erblickt, dass die meisten Menschen sich den Tieren überlegen fühlen. Es handelt sich beim Speziesismus sozusagen um einen antitierischen Rassismus, der mich mein Leben lang unwissentlich begleitet hat. Selbstverständlich waren die Versammelten von der Bedeutung ihrer moralischen Position erfüllt, selbstverständlich verlangten sie nach öffentlicher Anerkennung und entsprechenden staatlichen Maßnahmen.

Arnold Gehlens Bemerkung, das schlechthin Vorhandene sei schon deshalb moralisch legitimiert, weil es vorhanden sei, ist purer Sarkasmus, denn natürlich war der konservative Gehlen genau gegenteiliger Ansicht. Aber er hat damit den Zustand einer Anspruchsgesellschaft vorweggenommen, die keine Vision von sich selber mehr hat, sondern nur noch die Befriedigung von Partialinteressen anzielt, die nicht mehr weiß, was das große Ganze sein könnte, und sich in einer kleinlichen Missgunst gefällt, die dann aus der Tatsache, dass sich der seinerzeitige Bundespräsident Christian Wulff die Brötchen von seinem Lieblingsbäcker in Hannover nach Berlin liefern ließ (so geschehen 2010), gerne einen Skandal macht. So weit ist der Gleichheitsgedanke heruntergekommen: dass der Präsident die gleichen schlechten Brötchen verzehren muss wie jeder beliebige Berliner.

9

Das Wunder des Christentums

G leichgültig, wie weit nach rechts sich die neuen rechten Gruppierungen bewegen oder bewegt haben, eines ist ihnen gemeinsam: Es sind neuheidnische Bewegungen, die sich selten oder gar nicht auf das Christentum berufen. Das christliche Abendland, das sie oftmals im Munde führen, scheint nicht mehr zu sein als eine leere Formel, und manche Wortmeldungen aus dem rechten Lager erinnern mehr an graue germanische Vorzeiten als an die Kultur des Abendlandes. Augenzeugen berichten von der Pegida-Veranstaltung Weihnachten 2014 in Dresden, als man versuchte, auf dem Platz zwischen Semperoper und Hofkirche ein zentrales Moment der Leitkultur, nämlich das deutsche Weihnachtslied, demonstrativ zu Gehör zu bringen. Was aber leider daran scheiterte, dass die wenigsten der Versammelten die kanonischen Lieder beherrschten. Wer nicht einmal «Stille Nacht, Heilige Nacht!» auswendig kann, sollte vom christlichen Abendland schweigen.

Die AfD immerhin, so heißt es in ihrem Grundsatzprogramm, bekenne sich «zur deutschen Leitkultur», die sich aus drei Quellen speise: erstens aus der religiösen Überlieferung des

Christentums, zweitens aus der wissenschaftlich-humanistischen Tradition und drittens aus dem römischen Recht. Dagegen ist nichts zu sagen, aber ein feuriges Bekenntnis zum Christentum wird man es nicht nennen können. Da ist die CDU deutlicher: «Grundlage unserer Politik ist das christliche Verständnis vom Menschen und seiner Verantwortung vor Gott.»

Was allerdings aus dem «christlichen Verständnis» für die politische Praxis folgen müsste, ist schon deshalb unklar, weil auch die Christen, ob katholisch oder evangelisch, höchst unterschiedliche Ansichten dazu haben. Politik und Moral, alltägliches Handeln und persönlicher Gottesglaube sind zweierlei Dinge, die oftmals nicht harmonieren. Zu den größten Errungenschaften des Christentums gehört die Trennung der Sphären: «Gebet dem Kaiser, was des Kaisers ist, und Gott, was Gottes ist!», heißt es bei Matthäus (22,21).

Dass die Parteien mit dem christlichen Pfund nicht wuchern, hat sicherlich damit zu tun, dass es an Wert verloren hat. Die Kirchen kämpfen um ihren Bestand. Die Zahl der Kirchenaustritte ist gleichbleibend hoch, die der Gläubigen geht ständig zurück. Die Zahl der katholischen Trauungen zum Beispiel lag 1990 bei 116 000, im Jahr 2015 betrug sie noch 44 000. Gotteshäuser werden verkauft, abgerissen oder umgewidmet. Der Priestermangel vor allem in der katholischen Kirche ist dramatisch. Man könnte diese Litanei des Niedergangs fortsetzen, müsste sich aber zuvor darüber verständigen, worin er besteht. Er bedroht die Organisationsstruktur der Kirchen insofern, als sie ihren Apparat verkleinern müssen, was für das karitative System dieser Gesellschaft fatale Folgen hat. Der Niedergang ist aber vor allem deshalb traurig, weil er eine jahrhundertelange kulturelle Überlieferung beschädigt, die so leicht nicht zu renovieren wäre, wenn sich die Zeiten änderten. Die Kenntnis grundlegender biblischer Texte zum Beispiel ist derart geschwunden, dass manche kunsthistorischen Institute entsprechende Seminare anbieten, weil man bedeutende Werke der Kunstgeschichte andernfalls nicht verstehen kann.

Das alles (und mehr noch) ist leider wahr, und doch muss ich jener Überzeugung beipflichten, die Papst Benedikt XVI. in vielen seiner Reden und Schriften bekräftigt hat: Glaubenswahrheiten hängen nicht von der Menge der Zustimmenden ab. Deshalb finde ich es problematisch, dass die Kirchen, als wären sie politische Parteien, ihre Verkündigung den wirklichen oder vermeintlichen Bedürfnissen der Halbherzigen anpassen. Jedenfalls beobachte ich das bei den Protestanten. Da ich jedoch Katholik bin, rede ich besser von meiner Kirche. Und hier habe ich höchst ambivalente Gefühle. Auch ich finde die katholische Sexualpolitik schädlich und falsch. Immer noch scheint sie in der Sexualität einen sündhaften Trieb zu erblicken, dessen Ausübung allein durch den Kinderwunsch in der Ehe gerechtfertigt ist.

Ich könnte noch einige andere Themen aufführen, bei denen ich die amtliche Lehre fragwürdig finde, doch will ich auf etwas anderes hinaus, nämlich auf die Frage, wie schwer die rund siebzig Jahre meines Lebens im Verhältnis zu einer zweitausend Jahre umfassenden Kirchengeschichte wiegen. Wie käme ich dazu, meine mehr oder minder zufälligen Anschauungen verbindlich machen zu wollen? Ist es nicht ein Wunder, dass es die Kirche noch immer gibt, nach all den zahllosen Wirrnissen und Glaubenskämpfen?

Der englische Schriftsteller Gilbert Keith Chesterton, den viele als den Autor der Pater-Brown-Detektivgeschichten kennen, konvertierte 1922 zum Katholizismus. In seinem Buch «Orthodoxie» (1908) beschreibt er das Wunder des Christentums so:

«Das Heidentum glich einer Marmorsäule, es stand aufrecht, weil es symmetrisch gebaut war. Das Christentum gleicht einem riesigen, zerklüfteten, romantischen Felsblock, der zwar bei jeder Berührung auf seinem Sockel hin und her schwankt, aber dennoch, weil seine enormen Auswüchse einander genau die Waage halten, seit tausend Jahren dort thront.»[87] Dieses ständig bedrohte Gleichgewicht, sagt Chesterton, erkläre auch, was den Kritikern des Christentums unerklärlich erscheine: «Ich meine die fürchterlichen, um winzige Fragen der Theologie geführten Kriege, all die vielen, von einer Geste oder einem Wort angestoßenen emotionalen Erdbeben. Dabei ging es immer nur um einen Zoll; aber ein Zoll ist alles, wenn man die Balance halten muß. Wollte die Kirche ihr großartiges und gewagtes Experiment, ihren Versuch eines unregelmäßigen Gleichgewichts fortsetzen, konnte sie sich bei manchen Dingen keine Abweichung leisten, nicht einmal um Haaresbreite. Lässt man die eine Idee schwächer werden, dann macht man eine andere zu stark. Der christliche Hirte hütet keine Schafherde, sondern eine Horde Stiere und Tiger, einen Haufen furchterregender Ideale und gefräßiger Dogmen, von denen jedes stark genug war, um zur falschen Religion zu werden und die Erde zu verwüsten.»[88]

Verglichen mit dem Islam ist das Christentum, so kommt es mir jedenfalls vor, eine komplizierte Religion. Die Botschaft der Nächstenliebe und der Barmherzigkeit ist nicht schwer zu verstehen, wohl aber die Theologie. Was genau soll man sich unter der Dreifaltigkeit vorstellen? Was bedeutet das ewige Leben, was heißt Auferstehung der Toten? Im Gottesdienst ruft der Priester nach der Wandlung: «Geheimnis des Glaubens!» Und die Gläubigen antworten «Deinen Tod, o Herr, verkünden wir, und deine Auferstehung preisen wir, bis du kommst in Herrlichkeit.»

Dieses Geheimnis lässt sich kaum in die Alltagssprache übersetzen. Man kann es nur feiern, und dazu bedarf es der Liturgie, der Gesänge, Gebete, Anrufungen. Es bedarf einer Festlichkeit. In ihr treten die theologischen Streitfragen zurück, es gilt das Hier und Jetzt der fortwährenden Feier. Wenn es gutgeht, verschwinde ich als zweifelnder Mensch in der rituellen Handlung. Ich muss sie nicht befragen, weil ihre Dauer auch mich überdauern wird.

Was nun die von vielen gewünschten Reformen der Kirche anbelangt: Angenommen, sie würde den Zölibat abschaffen und die Ordination von Frauen gutheißen, so wäre sie auf demselben Stand wie die Protestanten. Sind deren Kirchen voller? Glüht die EKD vor Glaubenseifer? Ich glaube nicht, dass eine Angleichung der Lehre an die heutige Lebenspraxis den Kirchen eine neue Anziehungskraft verschaffen könnte. Ja, vermutlich wäre es gut, auch verheiratete Männer, die «viri probati», für den Dienst zu gewinnen – zumal der Zölibat theologisch nicht absolut zwingend ist – und somit den Priestermangel zu lindern. Das wäre schon ein Gewinn. Doch wäre damit das Problem der allgemeinen Entkirchlichung keineswegs gelöst. Es wird auch nicht durch die seit längerem schon gepflegte «weiche» Form der Glaubensvermittlung gelöst. Sie scheint mir das Dilemma eher zu verschlimmern. Zwar ist es gut, dass an die Stelle des zürnenden und strafenden Gottes, mit dem auch mir seinerzeit gedroht wurde, der Gott der Liebe getreten ist, der er ja eigentlich immer gewesen ist. Aber die notorische Rede vom «lieben» Gott, der mir in der Gestalt des Jesus in allen Nöten wie ein Freund zu Seite steht, erinnert mich an eine Phantasie aus jenen pubertären Tagen, als ich mich von aller Welt verlassen glaubte und mir einen Hund wünschte, der mich trösten könnte.

Wir wissen nicht, wie Gott aussieht, wir wissen nicht, wer er «eigentlich» ist. Die Bibel ist unter anderem auch der gewaltige, endlose und in sich widersprüchliche Versuch, den Unbeschreiblichen zu beschreiben. Den gelungensten Versuch finde ich im Buch der Könige, wo es heißt: «Da zog der Herr vorüber: Ein starker, heftiger Sturm, der die Berge zerriss und die Felsen zerbrach, ging dem Herrn voraus. Doch der Herr war nicht im Sturm. Nach dem Sturm kam ein Erdbeben. Doch der Herr war nicht im Erdbeben. Nach dem Beben kam ein Feuer. Doch der Herr war nicht im Feuer. Nach dem Feuer kam ein sanftes, leises Säuseln. Als Elija es hörte, hüllte er sein Gesicht in den Mantel.» (1 Kön 19,11–13)

Überhaupt scheint mir, dass es zu den Vorzügen, zu den Schönheiten des Christentums gehört, sich nicht auf einen einzigen verbindlichen, grundgesetzlichen Text zu berufen, sondern nicht weniger als vier Evangelien samt Apokalypse, Apostelgeschichte und den diversen Briefen in den Glaubenskanon aufzunehmen, zu dem schließlich auch die Schriften des Alten Testaments gehören. Einen solchen nicht zuletzt literarischen Reichtum kennt keine andere Religion.

Der Versuch, eine persönliche Gottesbeziehung dadurch scheinbar zu erleichtern, dass man eine alltägliche, jedermann vertraute Sprache verwendet, ist mir ein Graus. Er kriegt leicht etwas Kindergartenhaftes, und wenn ich bei den Fürbitten, die in der Regel von Gemeindemitgliedern formuliert werden, die gestrige «Tagesschau» gespiegelt finde, sehne ich mich nach der alten Liturgie zurück, in der nur lateinisch gesprochen wurde. Dass es eine unalltägliche Sprache war, entsprach dem Anlass vollkommen. Auch den gregorianischen Gesängen trauere ich nach. Sie setzten ein objektives Gegenüber voraus: hier die gläubige Gemeinde, dort der zu verherrlichende oder um Beistand angeflehte Gott.

Mit Luther begann recht eigentlich die Geschichte des modernen Subjekts. Jetzt war der Mensch unmittelbar zu Gott – zu seinem Gott. Jetzt konnte und durfte er «Ich» sagen. Bei dem großen Lyriker und protestantischen Liederdichter Paul Gerhardt tritt ein Ich auf, das nicht mehr stellvertretend für ein Kollektiv spricht, sondern ganz persönlich seinen Gott anspricht. In seinem Passionslied «O Haupt voll Blut und Wunden» heißt es: «Nun, was du, Herr, erduldet, / Ist alles meine Last; / Ich hab es selbst verschuldet, / Was du getragen hast. / Schau her, hier steh ich Armer, / Der Zorn verdienet hat, / Gib mir, o mein Erbarmer, / Den Anblick deiner Gnad.» Das Verhältnis, das hier poetisch ausgemalt wird, hat durchaus erotische Züge, etwa, wenn dieses Ich zum Gekreuzigten sagt: «Die Farbe deiner Wangen, / Der roten Lippen Pracht / Ist hin und ganz vergangen ...» Und später: «Dein Mund hat mich gelabet» oder «Alsdann will ich dich fassen / In meinem Arm und Schoß.»

Man darf diese religiöse Erregung, die für die Lyrik des Barock kennzeichnend ist, nicht mit unserem heutigen Sprachgebrauch gleichsetzen. Die Intimität war nur scheinbar, sie entsprang zeittypischen literarischen Mustern und war eingebunden in eine noch relativ stabile Dogmatik. Und doch war damit der Weg eines unbegrenzten Subjektivismus beschritten, der dann in den oftmals sentimentalen Kirchenliedern des 19. und des 20. Jahrhunderts zu einer breiten Allee wurde.

Wo sie hingeführt hat, kann man leicht an dem in der jüngeren Generation sehr beliebten katholischen Gesangbuch «Troubadour für Gott» erkennen. Es enthält etwa 1200 «geistliche Lieder» internationaler Herkunft und spricht jenes Publikum an, das man auf Kirchentagen oder in jugendbewegten Gottesdiensten antrifft. An die Stelle der Orgel sind Gitarre, Flöte und Keyboard getreten, an die Stelle der im Ritus aufgehobenen Form das individualistische Bekenntnis, an die Stelle der gehobenen Sprache der Alltagsjargon: «Einfach spitze, daß du da bist, einfach spitze, daß du da bist. Einfach spitze, komm, wir loben Gott, den Herrn!» Ein anderes Lied lautet: «Ich singe vor Freude, ich lache vor Freude, ich weiß, daß der Herr mich jetzt haben will. Das gibt mir Sicherheit in all meinem Tun. Der Herr legt selbst die Hand mit an. Leicht ist es nun, vor Menschen zu stehn, auch wenn sie schwierig sind. Wenn sie mir auch oft auf die Nerven gehn: der Herr ist selbst bei jedermann.» Das nun ist offenbar ein etwas anderer Gott als der, von dem das «Te Deum» kündet. Es ist der Gott der partikularen Identitäten, es ist der Gott der Motorradfahrer und der Naturfreunde, der Graffitisprayer und der Kapitalismuskritiker. Für sie alle und viele mehr gibt es passende Lieder.

Nun kann und will ich meine Aversionen nicht zum Maß der religiösen Praxis machen. «In meines Vaters Haus sind viele Wohnungen», heißt es bei Johannes (14,2). Loben und preisen kann man in jeder Sprache. Die Herrlichkeit Gottes zu verherrlichen – dafür gibt es sehr viele Ausdrucksformen. In meinen Augen jedoch ist es wichtiger, jenes alltägliche, immerzu neue Wunder zu bestaunen, das jedes Baby im Buggy und jedes Kind auf dem Roller leibhaftig bezeugt. Dieses Staunen ist ersprießlicher als die heutzutage geübte und allseits vorgelebte Praxis, sich zu beklagen, sich zu empören und die dafür vorgesehenen Gratifikationen einzusammeln.

Das Staunen über dieses Wunder setzt voraus, dass man diese Welt, diese Menschheit und somit auch das eigene Leben nicht für einen interstellaren Unfall, nicht für eine anonyme Katastrophe hält, sondern – nehmt alles nur in allem – für ein Glück. Dass dieses Glück vergänglich ist, ist ja kein Geheimnis. «Denn Staub bist du, und zum Staub kehrst du zurück», übersetzt Luther die berühmten Zeilen der Genesis (1 Mose 3,19). Um es skeptischen Zeitgenossen verständlich zu machen: Was nach dem Staub war und was vor dem Staub gewesen sein wird, ist in jedem Fall mehr als das schiere Nichts. – Dies ist vermutlich der allerkonservativste Gedanke meiner konservativen Bekenntnisse.

10

Schluss

Wo sind wir nun gelandet? Keine Wahlempfehlung? Nein. In diesem Moment (Mai 2017) weiß ich wahrhaftig nicht, was oder wen ich bei der Bundestagswahl im September wählen werde, und mancher Leser dieser Betrachtungen wird es gleichfalls nicht wissen. Er wird sich allerdings fragen, an wen eigentlich meine Kritik gerichtet ist. Im Fall der Euro-Rettung oder der Flüchtlingspolitik zweifellos an die Parteien und die Bundesregierung. Was aber den Fürsorgestaat anbelangt, so handelt er weniger aus eigenem Antrieb als vielmehr unter gesellschaftlichem Druck. Das gilt ebenso für die Identitätspolitik. Und im Fall der Reproduktionstechnologie muss man sagen, dass Deutschland zu den konservativsten Ländern überhaupt zählt.

Der immer häufiger geäußerte Vorwurf lautet, die politische Klasse sei abgehoben, sie habe sich von den Bedürfnissen und Empfindungen der Bevölkerung gelöst. Ich weiß nicht, ob das stimmt. Mir scheint eher, dass die Reizbarkeiten und Sensibilitäten zugenommen haben. Die Politiker früherer Dezennien haben auf die Stimmungslage auch deshalb keine größere Rücksicht genommen, weil man sie kaum kannte.

Die Meinungsforschung war noch nicht in derselben Weise entwickelt wie heute, die Zahl der Sender und gedruckten Medien war bedeutend geringer, und jene Erregungskurven, die das Netz sowohl abbildet wie provoziert, waren unbekannt. Und doch weiß man auch heute noch nicht – glücklicherweise –, was die Wählerschaft im bestimmten Augenblick fühlt und denkt. Die Experten haben weder die Wahl Donald Trumps noch den Brexit vorhergesehen, und die Begeisterung, mit der die Kanzlerkandidatur von Martin Schulz nicht nur in der SPD aufgenommen wurde, schien bei den schleswig-holsteinischen und nordrhein-westfälischen Landtagswahlen im Mai 2017 schon wieder verflogen. Von daher gesehen wären Politiker nicht gut beraten, ihr Handeln nach den Launen des Publikums auszurichten. Man spürt in der Regel recht gut, ob ein Politiker auf Wellen surft oder seinem Credo folgt.

Der vorliegende Versuch, mein eigenes Credo zu beschreiben, richtet sich weder an bestimmte Parteien, noch folgt er mehrheitlichen Stimmungen. Er richtet sich gegen manche gesellschaftliche Haltungen und Mentalitäten, die ich beschrieben habe. Sie zu ändern steht wohl kaum in der Macht der Politiker – und natürlich erst recht nicht in meiner. Mir war es wichtig, eine gewisse Klarheit hinsichtlich meines eigenen Konservatismus zu gewinnen, sie öffentlich mitzuteilen und möglichst viele Leser davon zu überzeugen. Wäre mir das gelungen, so wäre ich nicht länger heimatlos.

Anmerkungen

1   Didier Eribon: Rückkehr nach Reims. Berlin 2016, S. 146
2   «Die Zeit» vom 22. September 2016
3   Peter Graf Kielmansegg: Populismus ohne Grenzen. «FAZ» vom 13. Februar 2017
4   Niklas Luhmann: Die Gesellschaft der Gesellschaft. Frankfurt am Main 1998, S. 1097
5   Ebd., S. 1101 f.
6   «FAZ» vom 8. Februar 2017
7   Luhmann, S. 1104
8   «FAZ» ebd.
9   Luhmann, S. 1100
10   Ebd., S. 1101
11   «Die Zeit» vom 27. März 1987
12   «FAZ» vom 6. April 1988
13   Wolf Biermann: Warte nicht auf bessre Zeiten! Die Autobiographie. Berlin 2016, S. 501
14   «Die Zeit» vom 2. November 2006
15   Wolf Biermann, S. 91
16   Ebd., S. 135
17   Ebd., S. 148
18   Ebd., S. 376
19   Freimut Duve / Heinrich Böll / Klaus Staeck (Hrsg.): Briefe zur Verteidigung der Republik. Reinbek bei Hamburg 1977
20   Heimo Schwilk, Ulrich Schacht (Hrsg.): Die selbstbewußte Nation. «Anschwellender Bocksgesang» und weitere Beiträge zu einer deutschen Debatte. Frankfurt am Main / Berlin 1994, S. 21 f.
21   «Die Welt» vom 28. Januar 2013
22   Die selbstbewußte Nation, S. 24 f.
23   Larry Siedentop: Die Erfindung des Individuums – Der Liberalismus und die westliche Welt. Stuttgart 2015
24   Ebd., S. 295 f.
25   Ebd., S. 296
26   Ebd., S. 297

27 «Die Zeit» vom 22. September 2016

28 «Bild am Sonntag» vom 30. April 2017

29 Friedrich Schiller: Sämtliche Werke, Band IV. Hrsg. Peter-André Alt. München 2004, S. 760 f.

30 Ebd., S. 766 f.

31 «FAZ» vom 10. Dezember 2004

32 Vgl. Henning Ritter: Nahes und fernes Unglück – Versuch über das Mitleid. München 2004

33 Zitiert nach: «Die Zeit» vom 15. September 1995

34 Goethes Werke, Hamburger Ausgabe, Bd. II, S. 226

35 «Die Zeit» vom 26. November 2015

36 http://w2.vatican.va/content/benedict-xvi/de/speeches/2006/september/documents/hf_ben-xvi_spe_20060912_university-regensburg.html

37 Benjamin Barber: Jihad vs. McWorld. New York 1995, vgl. S. 4–6

38 Gottfried Benn: Gesammelte Werke, Bd. II, Prosa und Szenen. Wiesbaden / München 1959, S. 232

39 Immanuel Kant: Werke in zehn Bänden. Hrsg. v. Wilhelm Weischedel. Wissenschaftliche Buchgesellschaft, Darmstadt 1970. Band 9, S. 40 f.

40 William M. Johnston: Österreichische Kultur- und Geistesgeschichte – Gesellschaft und Ideen im Donauraum 1848 bis 1938. Graz 1974. Vgl. S. 236

41 Reinhold Schneider: Gesammelte Werke, Bd. 9. Frankfurt am Main 1978. Der Essay «Über den Selbstmord» ist abermals abgedruckt in einer Streitschrift gegen die erleichterte Sterbehilfe – Andreas Krause Landt: Wir sollen sterben wollen / Axel W. Bauer: Todes Helfer. Edition Sonderwege bei Manuscriptum, Waltrop und Leipzig 2013. Das Zitat findet sich hier auf S. 185 f.

42 Vgl. «Der Spiegel» vom 4. März 2017

43 Andreas Bernard: Kinder machen. Neue Reproduktionstechnologien und die Ordnung der Familie – Samenspender, Leihmütter, Künstliche Befruchtung. Frankfurt am Main 2014

44 Peter Sloterdijk: Regeln für den Menschenpark. «Die Zeit» vom 16. September 1999

45 «SZ» vom 31. 10. /1. 11. 2016

46 Ebd.

47 «Die Zeit» vom 22. Dezember 1999

48 «FAZ» vom 5. August 2014

49 Bernard, S. 21

50 Ebd., S. 128

51 Peter Sloterdijk: Die schrecklichen Kinder der Neuzeit. Über das anti-genealogische Experiment der Moderne. Berlin 2014, S. 274

52 Bernard, S. 154
53 Eugen Ruge: Follower. Roman. Reinbek bei Hamburg 2016, S. 113
54 Donatien Alphonse François Marquis de Sade: Ausgewählte Werke 3.
    Hrsg. von Marion Luckow. Frankfurt am Main 1972, S. 181
55 «Der Spiegel» vom 14. Juli 2014
56 Karl Mannheim: Ideologie und Utopie. Frankfurt am Main 1985,
    S. 199
57 Otto Heinrich von der Gablentz: Reaktion und Restauration. In:
    Konservativismus. Hrsg. von Hans-Gerd Schumann. Neue Wissen-
    schaftliche Bibliothek – Geschichte. Köln 1974, S. 79
58 Martin Greiffenhagen: Das Dilemma des Konservatismus. In: ebd.,
    S. 158
59 Ebd.
60 «Die Zeit» vom 18. 6. 2003
61 Dieter Grimm: Europa ja – aber welches? Zur Verfassung der euro-
    päischen Demokratie. München 2016, S. 177 f.
62 Ebd., S. 179
63 Ebd., S. 180
64 Martin Winter: Das Ende einer Illusion – Europa zwischen An-
    spruch, Wunsch und Wirklichkeit. München 2015, vgl. S. 215 ff.
65 Ebd., S. 221 f.
66 Grimm, S. 196
67 Wilhelm von Humboldt: Ideen zu einem Versuch, die Grenzen der
    Wirksamkeit des Staats zu bestimmen. In: Schriften zur Sprache.
    Frankfurt am Main 2008, S. 562
68 Alexis de Tocqueville: Über die Demokratie in Amerika. München
    1976, S. 791
69 Ebd., S. 814
70 Ebd., S. 815
71 Ebd.
72 Ebd., S. 817
73 Arnold Gehlen: Gesamtausgabe, Band 7, Einblicke. Frankfurt am
    Main 1978, S. 375
74 Ebd. S. 394 f.
75 Georg Friedrich Wilhelm Hegel: Grundlinien der Philosophie des
    Rechts. Hamburg 1955, S. 201
76 Georges Bernanos: Tagebuch eines Landpfarrers. Köln 1952, S. 72
77 Ebd., S. 76
78 Ebd., S. 98 f.
79 Charles Taylor: Multikulturalismus und die Politik der Anerken-
    nung. Frankfurt am Main 1993, S. 31 f.
80 Ebd., S. 17
81 Ebd., S. 19 f.

82 Mark Lilla: The End of Identity Liberalism. New York Times vom 18. November 2016

83 But the fixation on diversity in our schools and in the press has produced a generation of liberals and progressives narcissistically unaware of conditions outside their self-defined groups, and indifferent to the task of reaching out to Americans in every walk of life. At a very young age our children are being encouraged to talk about their individual identities, even before they have them. [...] Liberals should bear in mind that the first identity movement in American politics was the Ku Klux Klan, which still exists. Those who play the identity game should be prepared to lose it.

84 Taylor, S. 22

85 George Orwell: 1984. Frankfurtam Main / Berlin 1984, S. 156

86 «Die Zeit» vom 17. Januar 2013

87 Gilbert Keith Chesterton: Orthodoxie. Eine Handreichung für die Ungläubigen. Frankfurt am Main 2000, S. 191 f.

88 Ebd., S. 193

Dank

Auf die Idee, dieses Buch zu schreiben, brachte mich Alexander Fest. Dafür und für die vielen hilfreichen Gespräche sei ihm herzlich gedankt. Ebenso danke ich Stephan Speicher für seine sorgfältigen Anregungen und Verbesserungsvorschläge. Vor allem aber danke ich Irmgard Leinen-Greiner, deren wissenschaftliche Kompetenz mir überaus nützlich war – von ihrer übrigen liebevollen Unterstützung ganz zu schweigen.